537

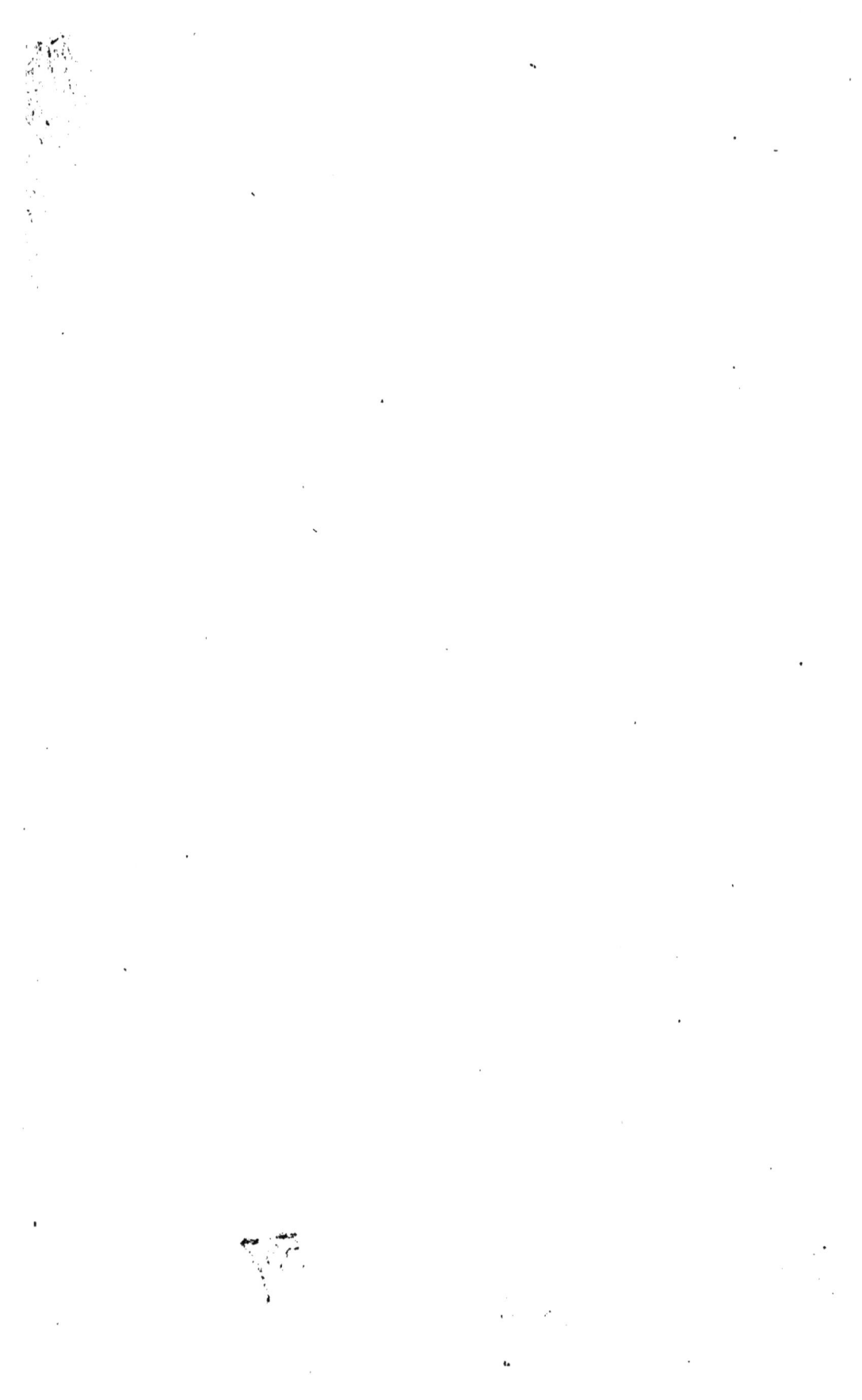

PLAIDOYERS

DU C.ᴇɴ BELLART

POUR

Adélaïde-Marie CHAMPION DE CICÉ,

ET DU C.ᴇɴ LARRIEU

POUR

La veuve GOUYON-BEAUFORT et ses deux filles.

RECUEILLIS PAR DES STÉNOGRAPHES.

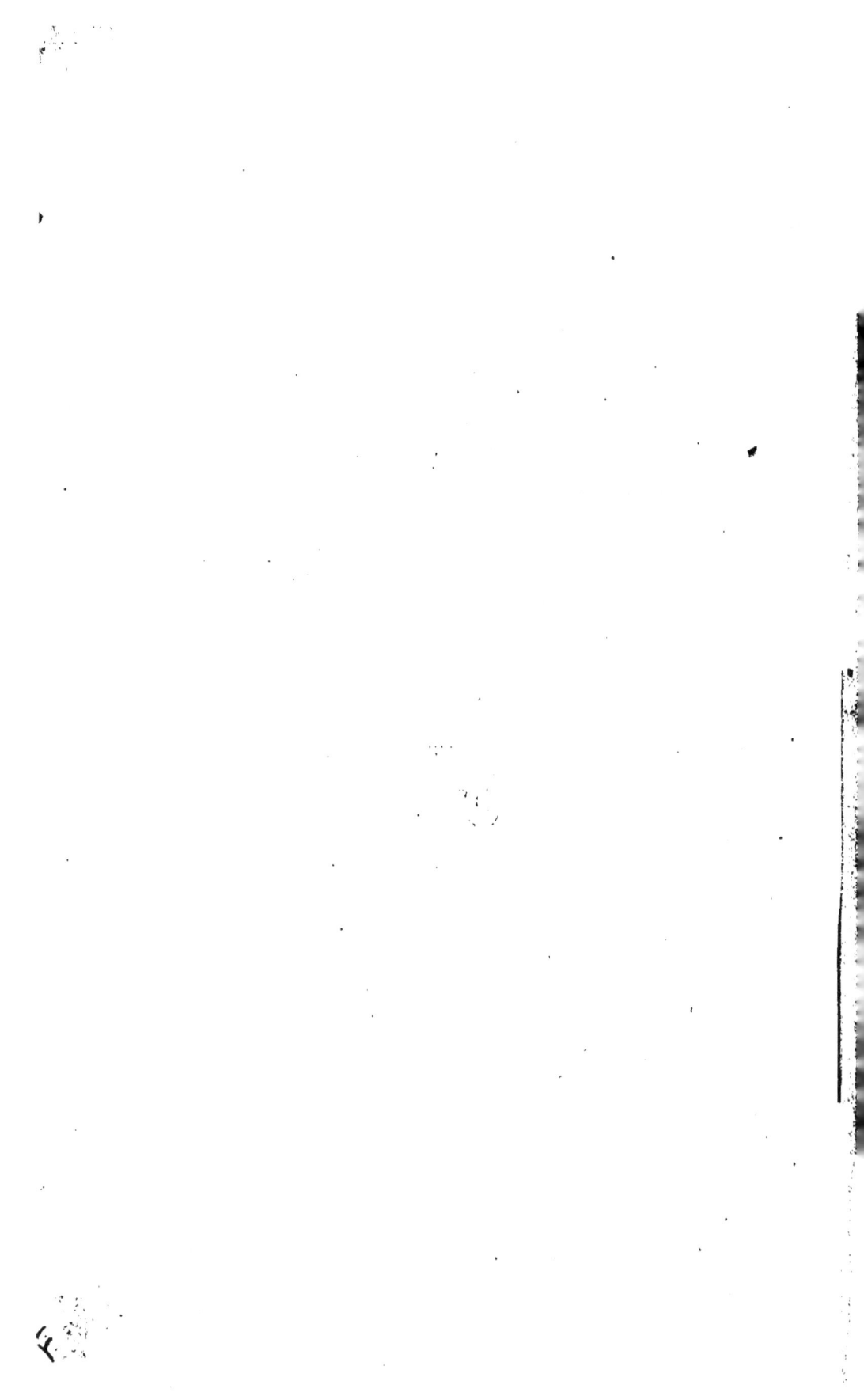

PLAIDOYER

DU C.ᴇɴ BELLART

Pour Adélaïde-Marie Champion de Cicé.

Citoyens Juges et Citoyens Jurés,

Le plus atroce de tous les crimes a été commis.

L'éloquente voix du magistrat chargé., dans cette pénible affaire, des fonctions du ministère public, l'a déjà peint avec les couleurs qu'il appartenait à son patriotisme et à son cœur d'employer.

Pendant qu'il parlait, une voix plus éloquente que la sienne (et cela paraissait peu possible) s'élevait auprès de lui, pour ajouter au tableau qu'il avait présenté, des traits plus énergiques encore et plus terribles.

D'un côté, et en votre présence, s'offraient les débris de cette machine meurtrière d'où devait sortir un si grand malheur; débris accusateurs, qu'on dirait n'avoir été préservés, par la vengeance céleste, de la destruction nécessaire à laquelle ils étaient voués, que pour venir, incorruptibles témoins, déposer contre le crime et ses auteurs, en sorte que le forfait lui-même parût redevenir vivant et se ranimer sous vos yeux dans cette enceinte.

D'un autre côté paraissaient, spectacle plus déplorable, les victimes infortunées de cet attentat, toutes amenées devant vous par l'impartialité du tribunal et par la nécessité de remplir son devoir; par cette nécessité à laquelle il lui était douloureux mais indispensable d'obéir, et qui lui faisait une loi impérieuse de commencer par constater le corps du délit ; par cette nécessité qu'il savait bien, dans son humanité, ne devoir point égarer votre raison : car ce n'est pas dans vos émotions, mais dans votre conscience, que vous allez puiser les élémens de votre décision.

Qui de nous a pu refuser des larmes à ces intéressantes victimes d'un si cruel attentat !

C'est pourtant, citoyens jurés, c'est, le cœur si recemment navré par le spectacle déchirant qui vient d'affliger nos regards pendant trois jours entiers, l'œil encore humide des pleurs qu'il m'a arrachés comme à tous les hommes sensibles, c'est à cet instant même que je dois vous présenter la défense qui m'est confiée.

Viens-je donc mentir à la pitié trop légitime que ces infortunés m'ont inspirée, et outrager leur malheur ! viens-je, foulant aux pieds tous mes devoirs d'homme et de citoyen, mettre en opposition avec le sentiment irrésistible de ma conscience, je ne sais quel chimérique devoir qui, dit-on, appartiendrait à la profession de défenseur.

Eh ! que serait-ce donc que cette profession de défenseur !

Serait-il vrai qu'il existât au sein de la société une profession dont l'esprit fût en contradiction avec le principe sacré de la conservation de la société elle-même ! existerait-il une profession dont la première obligation fût de recueillir, de protéger les moyens de destruction qui menacent l'ordre social, de les conserver avec soin, afin qu'ils se reproduisent plus infailliblement dans une autre occasion !

Non, citoyens jurés, cette profession parricide et ses affreux devoirs n'existent pas.

Un défenseur, qui, pressé de la conviction qu'un accusé est coupable d'un grand crime, oserait devenir

son

son organe en présence de la justice ; ce défenseur, si c'était moi, et si je venais prêter mes efforts
sacriléges à un monstre qui ne serait restitué à la
société que pour y porter de nouveau l'épouvante
et la mort ; ce défenseur, à moins que par hasard
il ne trouvât son excuse dans la séduction d'une
pitié mal appliquée, ne serait pas un défenseur ;
aux yeux de la morale, ce serait un complice.

Oui, un complice : voilà ce que j'avais besoin
de vous dire, en commençant cette justification ;
car un défenseur, avant tout, est homme et citoyen.

Défenseur, homme et citoyen, je me présente
cependant devant vous ; et je m'y présente sans honte
comme avec confiance ; car je vais parler pour Adélaïde de Cicé, et Adélaïde de Cicé est innocente.

Défenseur, je dois exécration au crime, si je dois
le tribut de tous mes moyens à l'innocence ; je lui
dois assistance, aussi comme homme. Comme citoyen
enfin, je dois et au tribunal que nous vénérons,
et au Gouvernement auquel nous sommes sincère-
ment attachés, l'hommage des efforts nécessaires pour
prévenir une erreur ; que, si elle était possible, et si
elle confondait l'innocent avec les coupables, le
Gouvernement et la justice pleureraient, mais trop
tard, avec des larmes de sang.

Voilà le triple devoir que je viens remplir ; et je
me félicite, en abordant cette défense, de n'avoir
rien autre chose à faire qu'à achever la conviction
qui déjà, citoyens jurés, vous a pénétrés de toutes
parts. Vous me pardonnerez pourtant d'entrer dans
quelques détails. Ils pourront être désormais superflus
pour former une opinion que tout m'assure être
présentement fixée ; mais ils sont une dette de mon
ministère, qui ne peut rien négliger de ce qui rentre
dans la défense de l'immense intérêt qui m'est confié,

B

La moralité d'un accusé appartient toute entière aux jurés. Leur devoir n'est pas seulement d'examiner les faits qui se rattachent d'une manière très-prochaine à l'accusation ; leur devoir, et c'est là le caractère principal de l'institution du jury, est d'approfondir, de scruter avec scrupule toute la vie de l'accusé dont le sort leur est remis, pour faire en quelque sorte, permettez - moi cette expression familière, connaissance avec l'accusé. Je me reporterai donc à une époque un peu reculée, pour vous apprendre ce qu'est, ce que fut toujours, et ce que fit Adélaïde de Cicé.

Née, comme vous l'avez appris par les débats, à Rennes, dans la ci-devant province de Bretagne, elle est issue d'une famille dont divers membres, ayant vécu sous les regards du public, ont pu être appréciés par l'opinion.

Elle avait plusieurs frères.

Il est nécessaire que je vous parle d'eux ; car paraissant dans la correspondance dont j'aurai à vous entretenir, il faut que je vous rappelle quelle fut aussi leur moralité.

L'un de ces frères était le ci-devant évêque d'Auxerre, appelé Jean-Baptiste. Je vous prie, citoyens jurés, de fixer dans votre mémoire ces prénoms, et tous ceux que je vais avoir occasion de prononcer. Ce souvenir servira d'explication à la correspondance dans laquelle vous les trouverez énoncés.

Le ci-devant évêque d'Auxerre a été connu. C'est au nom de sa sœur que je parle. Au nom de sa sœur je puis dire que quelque respect récompensa, jadis, la manière dont il se conduisit, soit dans les fonctions publiques qui lui avaient été départies, soit dans sa vie privée.

Son second frère était Jérôme de Cicé, ci-devant archevêque de Bordeaux. Jérôme de Cicé (qu'il soit permis à sa sœur malheureuse de rappeler, sans faste, ce souvenir consolateur), Jérôme de Cicé, le premier prélat qui ait voté pour la vérification des pouvoirs en commun ; le premier prélat qui, malgré les préjugés dont il était assiégé, s'était déclaré pour la réunion du clergé au tiers-état ; le premier prélat qui, dans cette solennelle journée, où se fondèrent les bases de notre liberté, et dans cette fameuse séance tenue au jeu de paume par le premier Corps législatif, alla jurer fidélité aux droits du peuple ; le premier prélat qui, après le 14 juillet, et lorsqu'avait été donné le signal de la guerre faite au despotisme, mérita d'être appelé au ministère.

Adélaïde de Cicé vivait dans une grande intimité avec sa famille.

Bientôt se formèrent les premiers orages de la révolution ; l'horizon politique devint plus sombre. A travers les idées exagérées, on vit naître quelques idées généreuses, comme cela est presque inévitable au milieu d'une grande tourmente politique. Plusieurs hommes furent signalés, dont on oublia les services. La méfiance, la défaveur les poursuivirent ; elles poursuivirent sur-tout, et tout d'abord, les ecclésiastiques, et l'archevêque de Bordeaux, et l'évêque d'Auxerre, comme les autres. Ils n'osèrent faire face à la tempête ; la frayeur les saisit, et ils crurent devoir sortir de France. L'archevêque de Bordeaux se réfugia au plus près ; il se retira à Londres. Londres, alors, n'était pas notre ennemie.

Le ci-devant évêque d'Auxerre, après quelques courses incertaines, se fixa à Halberstadt, ville de Prusse. Élisabeth de Cicé sa sœur l'y suivit ; Élisabeth de Cicé avait constamment vécu avec lui.

Augustin de Cicé, troisième frère d'Adélaïde, prit son asile à Hambourg. Là il forma un petit établissement de commerce d'épiceries : il a continué d'y vivre avec sa femme, qui, se résignant à la modestie de sa nouvelle situation, tira parti de l'activité qu'elle avait reçue de la nature, en se pliant à un travail personnel. Elle devint couturière : heureuse de contribuer ainsi aux charges de son ménage et à la subsistance de son enfant, et de pouvoir, à côté d'un mari et d'une fille qu'elle chérissait, acquitter sa dette envers la nature et le malheur !

Ce n'est pas sans nécessité, citoyens jurés, que je vous parle de tous les individus de cette famille. On reproche à Adélaïde de Cicé d'avoir entretenu une correspondance avec eux : il est bon que d'avance vous puissiez apprécier ses correspondans.

Le dernier de cette famille dont je dois vous dire un seul mot, est la Binthynaie, ancien conseiller au parlement de Rennes, et neveu d'Adélaïde de Cicé. Celui-ci passa, avec sa femme et ses enfans, à Jersey, où il est constamment resté depuis.

Quelle fut cependant, jusqu'à cette époque, la conduite d'Adélaïde de Cicé !

La vérité doit paraître une en présence de la justice. Elle ne serait plus la justice, s'il fallait du courage pour dire la vérité devant elle. Je parle à des magistrats d'une raison saine et supérieure ; et c'est la philosophie elle-même qui protégera les aveux que je dois faire.

Adélaïde de Cicé appartenait à une famille très-pieuse ; elle-même elle était plus pieuse encore.

Il ne s'agit point ici de débattre la mesure de respect ou de faveur que mérite un culte plutôt qu'un autre. Je parle devant une assemblée de philosophes, qui ne font à personne un crime de ses opinions, qui, fidèles aux sentimens exprimés par un Gouvernement tolérant et généreux, trouvent tous les dogmes bons, pourvu qu'ils inspirent l'horreur du mal et le goût du bien.

Adélaïde de Cicé, docile aux principes de son éducation, a constamment pratiqué la religion chrétienne catholique.

Elle avait une imagination très-tendre : cette imagination, encore agrandie par les idées religieuses, devint la source d'une multitude d'actes de bienfaisance, dont, dès sa première jeunesse, elle se complut à honorer sa vie. Elle n'agissait point, il est vrai, par la seule impulsion de la pure morale ; ce n'était pas une bienveillance toute philosophique qu'elle épanchait : mais, moitié inspiration d'un excellent naturel, moitié respect pour les maximes religieuses, auxquelles elle avait appris à obéir depuis son enfance, elle ne connaissait qu'une manière d'honorer son Dieu ; c'était de se livrer à toutes les œuvres de bienfaisance et de charité que commande la philosophie toute seule, que la philosophie toute seule ne fut pas toujours assez heureuse pour persuader, et que la religion plus puissante a souvent obtenues.

Ce n'était pas seulement par des aumônes pécuniaires, espèce de bienfaisance si facile à pratiquer pour l'opulence ; c'était par cette aumône plus respectable, parce que les motifs n'en sont jamais équivoques, par l'aumône de ses soins assidus, de son temps, de son propre travail, qu'elle assistait les malheureux. Dès l'âge de vingt ans, entourée de toutes les illusions de la fortune et du crédit, de la grandeur et des préjugés, elle savait franchir courageusement toutes ces séductions réunies, pour se rapprocher des pauvres, qui, s'ils n'étaient pas ses semblables dans l'ordre politique d'alors, étaient à ses yeux ses semblables dans l'ordre de la religion, comme ils le sont aux yeux de tout le monde dans l'ordre de la philosophie. Elle versait sur eux ses bienfaits : nul obstacle ne l'arrêtait pour faire le bien, et il n'était pas de lieu si humble où elle dédaignât de descendre. C'était dans

B 3

les chaumières, dans les greniers, dans les hôpitaux,
dans les prisons, qu'elle allait chercher et assister les
malheureux, qu'elle portait aux indigens de l'or, aux
malades de tendres soins plus précieux que l'or même,
aux affligés des consolations plus douces que les
soins.

Hélas ! l'infortunée ! alors que, sans nul calcul
personnel, elle parcourait si spontanément le cercle
de sa bonté, elle était loin de prévoir qu'à son tour,
dans une prison, elle aurait besoin d'une main con-
solatrice qui se tendît vers elle ; et qu'un jour vien-
drait où elle invoquerait cette pitié qu'elle répandait
sur tout le monde !

Ces faits, citoyens jurés, n'ont pas été controuvés
par une imagination ardente, et vivement intéressée,
je ne le dissimulerai pas, à proclamer son innocence ;
par une suite de l'estime profonde qu'elle m'a inspirée ; ils sont le résultat des témoignages imposans
portés par ceux qui furent les spectateurs de l'application de ses vertus.

La distance des lieux m'a empêché de vous produire en personne l'innombrable multitude de témoins
qui auraient pu en déposer ; j'ai dû me contenter
des dépositions consignées dans des actes publics que
je tiens à la main, et qui passeront dans les vôtres ;
dans des actes rédigés sous la surveillance des autorités du Morbihan, qui tous attestent « que les com-
» parans connaissent parfaitement Adélaïde - Marie
» Champion de Cicé, native de Rennes ; que pen-
» dant longues années qu'elle a demeuré dans cette
» ville, avant d'aller résider à Paris, elle s'était
» occupée, dès son jeune âge, de bonnes œuvres ;
» que son plus grand plaisir était d'aller visiter les
» prisons et les hôpitaux ; d'aller donner des secours
» aux malheureux ; de faire apprendre des métiers
» aux enfans pauvres et abandonnés ; qu'elle s'était

» toujours consacrée à soulager l'infortune ; et
» qu'elle y employait tous ses moyens, toutes ses
» ressources. »

Et ces dépositions n'ont pas été portées par quelques-uns de ces hommes légers ou complaisans dont
il est facile de capter les suffrages ; nous les devons
à des femmes honorées depuis de l'estime du Gouvernement, autorisées par lui à se réunir de nouveau
pour se livrer aux soins que leur religion leur ordonne de remplir ; à des femmes qui, sous le nom
de Sœurs de la charité, ou sous d'autres titres ana-
logues, étaient préposées au service des divers hospices de Rennes. Toutes elles attestent qu'elles n'ont
pas eu de compagne plus assidue de leurs travaux,
de leur zèle, de leur bienfaisance, qu'Adélaïde de
Cicé.

Je ne vous lirai pas plusieurs autres certificats
qui tous ne feraient que confirmer cette vérité : en
les parcourant, vous y verrez que s'il eût été possible
de faire comparaître devant vous tous les témoins
qui s'offraient en faveur de l'innocence d'Adélaïde
de Cicé, cette enceinte n'aurait pas été assez vaste
pour les contenir. Il suffit, au reste, de ces rensei-
gnemens, pour vous apprendre quelles furent ses
occupations favorites.

C'est au milieu de ces soins honorables que
s'écoula toute la portion de sa vie qu'elle passa à
Rennes, lieu de sa naissance. Sa famille s'étant dis-
persée, comme je vous l'ai dit, elle conçut l'idée
toute naturelle de venir se réunir à un de ses frères,
Louis-Adrien de Cicé, qui demeurait à Paris. Elle
y arriva vers la fin de 1791. Très-peu de temps
après, elle eut le malheur de le perdre.

Sa conduite fut à Paris ce qu'elle était à Rennes.
A Paris, comme à Rennes, elle remplit son temps des
mêmes occupations ; elle vaqua aux mêmes soins

B 4

tendres et pieux ; elle chercha à Paris, comme elle les cherchait à Rennes, tous les malheureux qui pouvaient avoir besoin de ses secours ; et toujours, à Paris comme à Rennes, elle .... ardente à les leur offrir.

Vous avez entendu, encore ce matin même, citoyens jurés, des témoins qui sont venus vous l'attester. Quelques-uns vous ont même dit qu'ils étaient personnellement les obligés d'Adélaïde de Cicé.

Vous n'avez pas pu oublier ce témoignage important par sa naïveté, important par sa véracité, important aussi par les circonstances minutieuses qu'il vous a révélées ; car ce sont ces petites circonstances qui révèlent le secret des caractères. Je veux parler de cette bonne femme du faubourg S.-Marceau, qui, dans sa simplicité, vous a raconté que, tourmentée long-temps d'un mal de bras dégoûtant et dangereux, on lui indiqua Adélaïde de Cicé. On lui *indiqua*, dans le faubourg S.-Marceau, Adélaïde de Cicé ! Ce mot tout seul déjà vous apprend quelles étaient les habitudes d'Adélaïde de Cicé, et jusqu'où s'épanchaient ses actes de bienfaisance, puisque sa réputation, sous ce rapport, avait pu pa venir jusqu'à cette pauvre malade. Cette femme se ésente donc à elle : elle en est accueille, pour me servir de sa naïve expression, *comme si elle eût été de sa connaissance* ; elle en reçoit des secours de toute espèce, en pansemens, en linge qu'elle n'avait pas, en remèdes. Heureuse d'une telle assistance, la pauvre femme se propose de revenir le lendemain chercher les mêmes soulagemens.

Vous n'avez pas oublié, non plus, cette réponse touchante d'Adélaïde de Cicé, cette réponse née d'un vrai sentiment d'égalité : Adélaïde de Cicé l'avertit que son état demandait qu'elle ne se déplaçât pas, et elle lui dit que ce serait elle-même qui irait la panser. Elle y alla le lendemain ; elle y alla chaque jour, deux mois durant ; et quelquefois le même jour comprit trois visites.

Ainsi, et comme vous le voyez, tout ce qu'elle avait fait à Rennes, elle continua de le faire à Paris.

Du reste, et dans les temps les plus orageux, divers témoins vous l'ont dit, elle se soumit avec une résignation parfaite aux différens modes de Gouvernement qui se succédèrent. C'est ce que vous a sur-tout appris un témoignage qui n'était suspect ni par le caractère ni par les opinions de son auteur. Le C.en Pascal vous a dit que, quoique par leur position respective Adélaïde de Cicé et lui ne dussent pas être dans le même système, il n'avait pourtant jamais trouvé dans Adélaïde de Cicé qu'une femme toujours disposée à lui rendre service : en sorte, a-t-il ajouté, que, si les temps fussent devenus difficiles pour les patriotes et pour lui, et qu'il eût eu besoin d'une retraite, il n'aurait pas balancé à s'adresser à Adélaïde de Cicé elle-même.

Ce témoignage vous a été confirmé par celui de la fille Coulon : elle vous a naïvement exprimé jusqu'à quel point Adélaïde de Cicé s'était toujours tenue, dans ses discours, étrangère à toutes les idées politiques. « Lorsque je voulais parler, dit la » fille Coulon, des affaires publiques, elle me ré- » pondait : Ma fille, ne nous mêlons pas de ces » affaires-là ; cela ne doit pas regarder les femmes. »

Il est bien vrai, citoyens jurés, que quelques idées religieuses vinrent influer sur tous ces actes qui composaient la vie d'Adélaïde de Cicé ; il est bien vrai qu'en satisfaisant un bon cœur, elle était encore poussée vers le bien par des incitations d'un ordre plus relevé.

Je n'ignore pas que quelques hommes superficiels,

qui aiment bien mieux proscrire en masse que de se donner la peine de faire des distinctions, ont imaginé de voir du fanatisme dans toute conduite gouvernée par la religion.

Ce n'est pas devant vous que j'ai peur de voir s'accréditer cette injuste confusion d'idées. A d'excellens esprits comme les vôtres, il me sera facile d'établir cette distinction véritablement philosophique, qui est indiquée par la raison. Quand les idées religieuses suggèrent un système de dureté envers les autres, de persécution et d'intolérance envers les cultes différens; voilà le fanatisme, voilà l'espèce d'opinion qu'il faut proscrire.

Quand les idées religieuses n'inspirent rien autre chose qu'une conduite de tendresse et de bienfaisance envers tout le monde; quand les idées religieuses conseillent de venir au secours de tous ses semblables, de prêter assistance aux malheureux qui en ont besoin, ce n'est plus du fanatisme; voilà la piété, voilà les opinions qu'il faut honorer.

Le philosophe peut juger tous les cultes; mais le philosophe admirera tous ceux qui dirigeront leurs sectaires vers ce but social.

Tel était celui vers lequel marchait Adélaïde de Cicé.

On conçoit bien qu'il devait lui rester peu de temps pour remplir les petits devoirs de la société. Vivant presque toujours dans la retraite, et par goût, et pour réaliser plus librement son système de bienfaisance, elle s'était peu livrée à ce qu'on appelle les usages du monde. Elle n'y était pas non plus tellement étrangère, qu'elle crût, farouche dans sa piété, devoir repousser tous ceux qui, se souvenant de leurs anciennes relations, pouvaient se présenter chez elle.

Lors de la pacification avec les chouans, un homme rentré récemment en grâce avec le Gouvernement, un homme avec lequel, jusque-là, Adélaïde de Cicé n'avait eu aucune sorte de rapports, mais qui étant du même pays, et venant à Paris, avait peut-être cru, il faut le dire, devoir cette espèce d'hommage à l'ancienne position d'Adélaïde de Cicé dans le monde, Limoelan se présenta une ou deux fois chez elle.

Deux seules visites de politesse, froidement reçues, parce que nul motif n'existait pour faire desirer à l'un ou à l'autre une liaison bien étroite, furent (et prenez garde dans quelles circonstances) tout le commerce qui ait existé entre elle et cet homme,

Peut-il être besoin que j'insiste beaucoup, citoyens jurés, pour vous démontrer cette assertion! Qui ne conçoit en effet qu'il ne pouvait y avoir rien de commun entre une fille déjà âgée, une fille peu propre par la nature de ses habitudes, par ses occupations, par l'obscurité de sa vie, par la modération de ses idées, à tout ce qui était plaisir et agitation; et un jeune militaire dévoré d'activité, livré à l'ardeur de ses goûts, cédant sans cesse à l'attrait du mouvement, et qui ne pouvait trouver que ridicule, ou du moins ennuyeuse, la société d'une vieille fille dévote!

Aussi, encore une fois, et vous le croirez sans peine, citoyens jurés, lorsque Adélaïde de Cicé l'a constamment assuré, et qu'aucune preuve contraire n'a détruit son affirmation, ces deux visites de respect, faites à une femme qui jadis avait occupé quelque rang dans sa province, ouvrirent et fermèrent toutes ses relations avec Limoelan. Un an s'est écoulé : elle ne l'a jamais revu depuis.

Si Adélaïde de Cicé était restée étrangère, pour me servir du style qui lui est familier, *à toutes les affaires du monde;* si elle était restée concentrée dans les actes de bienfaisance et de spiritualité auxquels elle s'était vouée, elle n'avait pourtant pas arraché de son cœur les affections que la nature y avait gravées. Les temps s'étaient améliorés. On ne suivait plus ce système cruel qui faisait une loi sévère d'interrompre toute communication avec ceux qui nous furent chers. Sans doute, la correspondance avec les émigrés n'était pas formellement autorisée par le Gouvernement ; mais généreux, mais sachant distinguer de coupables intelligences, de ces épanchemens indifférens à l'ordre politique, et arrachés du cœur par ce besoin de se dire qu'on s'aime toujours, besoin que rend plus poignant une longue séparation, le Gouvernement fermait les yeux avec indulgence ; et pourvu qu'une telle correspondance n'éveillât pas ses inquiétudes, il n'employait aucun soin pour l'empêcher.

C'est dans ces circonstances qu'après un silence de sept années, ses frères et son neveu donnèrent enfin à Adélaïde de Cicé de leurs nouvelles.

Cette correspondance, qui, au premier coup-d'œil, semble une espèce d'épouvantail, lorsqu'on la qualifie abstractivement de *correspondance avec des émigrés*, se réduit à quelques lettres avec ses trois frères, son neveu, et une seule femme de ses amies.

Vous apprécierez cette correspondance. Pour le moment, il est bon que vous sachiez que voilà tous les élémens qui la composent.

Quant à une correspondance entretenue avec les chouans, les recherches les plus rigoureuses ont été faites chez Adélaïde de Cicé ; deux secrets ont été forcés dans son secrétaire ; tous les papiers qu'ils renfermaient ont été saisis ; et apparemment que si Adélaïde de Cicé en avait possédé de criminels, c'est là qu'elle les eût cachés. Pas une lettre n'a été trouvée ; je ne dis pas écrite par un chouan, mais même où fût rappelé le nom d'un de ces hommes qui ont joué un rôle si funeste dans nos troubles civils.

Vous parlerai-je de sa correspondance dans l'intérieur ?. Citoyens jurés, quand, au milieu des scrupules de votre délibération et par déférence pour l'invitation du commissaire du Gouvernement, vous porterez un œil investigateur sur les lettres qui la composent, vous vous convaincrez bientôt qu'elles sont tout aussi innocentes que celles qu'elle a reçues de ses frères : vous y trouverez beaucoup d'idées ascétiques; beaucoup de cet esprit dominant dans la conduite d'Adélaïde de Cicé ; de cet esprit qu'il y aurait, je ne dirai pas de la cruauté, mais une sorte d'antiphilosophie à lui reprocher, quand on voit tous les biens qui en ont découlé; de cet esprit de piété qui la faisait tenir plus fortement à sa religion, parce qu'elle lui inspirait   de charité pour ses semblables. Ah ! vous y verrez qu'en effet ces deux intentions n'ont jamais été séparées dans son imagination; qu'elles sont toujours étroitement unies l'une à l'autre; que dans sa croyance enfin, par une sublime alliance de la religion et de la bonté, le culte dont elle accomplissait les rites sacrés, lui ordonnait, d'un côté, de mieux servir son dieu, pour puiser dans ses adorations mêmes de nouveaux encouragemens d'être utile aux hommes; et, de l'autre côté, d'être plus utile aux hommes pour mieux servir son dieu.

Vers quel but en effet, dans cette correspondance, se dirigeaient ses plus ardentes pensées ! Il avait existé jadis une corporation dont, sous le régne de la raison et en présence de la justice, il est aujourd'hui, permis de faire l'éloge ; une corporation qui, bien que consacrée par les formes de la religion, avait pour devoirs principaux, non pas de mystiques occupations, mais les soins tendres et les soulagemens réclamés par l'enfance, l'indigence ou la

maladie ; une corporation à laquelle le Gouvernement, qui sait mépriser, quand il s'agit d'opérer quelque bien, toutes les fausses idées, même celles qui usurpent le titre d'idées philosophiques, vient de rendre sa protection et son respect. Tout le monde devine que je veux parler des Filles de la charité.

L'institution des Filles de la charité avait été détruite, non par l'esprit de la liberté, car l'esprit de la liberté respecte tout ce qui est bon, sans se laisser égarer par de vaines déclamations ; mais par l'esprit d'exagération. Ces pieuses recluses, qui se rendaient si utiles à la terre pour conquérir le ciel, avaient été chassées de leur retraite ; les traces de leur existence allaient se perdre ; leur esprit aurait fini par s'éteindre. Grâces soient rendues à ceux qui, une fois du moins, ont honoré les opinions religieuses, en se laissant persuader par elles, de conserver cette espèce de feu sacré ; à ceux qui, devançant les paternelles intentions du Gouvernement, lui ont fourni les moyens de ressaisir cet élément de bienfaisance qu'on a failli de perdre ; et qui, en conservant le principe de cette heureuse, religieuse et philosophique institution, ont pu, à la voix puissante de ce génie qui commande à tout ce qui est véritablement libéral et généreux, de se reproduire, restituer à la faiblesse et au malheur leurs plus sensibles protectrices.

Eh bien, jurés, si vous voulez savoir qui a commis ce grand crime, vous voyez devant vous une des principales coupables. Pendant que les Sœurs de la charité étaient persécutées, que leur retraite était fermée, qu'une main barbare était venue les saisir pour les condamner à une inaction dommageable à la société, qui donc a rempli leurs soins généreux ! qui recélait leurs principes ! qui s'occupait de ces soins pieux et tendres auxquels étaient livrées ces filles distinguées par leur philantropie religieuse !

qui remplaçait, auprès des malades et des blessés,
leurs gardes fidelles mais fugitives ! c'était Adélaïde
de Cicé. Seule, elle n'eût pu suffire à une tâche
aussi grande, aussi importante. C'était elle qui écrivait à des femmes animées des mêmes sentimens, dis-
posées à s'honorer par un dévouement pareil ; c'était
elle qui, dans cette absence de la véritable société de
charité, avait fait tout ce qu'il était possible pour
succéder à ses devoirs, et pour recueillir ce patri-
moine d'active bienfaisance dont la philosophie ne se
pressait pas d'hériter ; c'était elle qui avait formé,
pour remplacer cette société, une congrégation ou
confrérie que ne distinguait aucun signe extérieur ;
car les lois le défendaient, et elle voulait obéir aux
lois. Adélaïde de Cicé, en un mot, sauvait du nau-
frage tout le substantiel de l'institution. Comme les
Sœurs de la charité, elle répandait autour d'elle les
secours temporels, et aussi, il faut le dire, les secours
spirituels. Pardonnons, ah ! pardonnons cet excès de
sollicitude à ces pieuses associées, qui, dans les prisons et dans les hospices, allaient secourir les vieil-
lards et les infirmes : puisque la bienfaisance toute
seule ne savait pas pénétrer dans ces asiles de la douleur, ne nous plaignons pas trop de ce que la religion
y conduisait la bienfaisance, et ne soyons pas surpris
de les y retrouver ensemble.

Oui, citoyens jurés, des crimes de cette nature,
vous en trouverez beaucoup dans les lettres saisies
chez Adélaïde de Cicé. Je vous dénonce, moi-même,
une correspondance entretenue, non pas avec les
chouans, non pas avec de rebelles émigrés ; ce ne
sont pas de telles conspirations qui les occupent ;
mais avec quelques femmes brûlant, comme elle,
de cet amour sacré de l'humanité ; avec quelques
femmes obéissant, comme elle, à ces saintes lois
d'une bonté universelle, et qui toutes se réunissant

par des formes religieuses , et même si on le veut par
une promesse intérieure , ayant pour objet de consa-
crer leur dévouement , agissaient conjointement avec
Adélaïde de Cicé, dans cet esprit commun, recevaient
ses instructions pour répandre , sur tous les points de
la France où elles étaient disséminées (laissez-moi
parler leur langage), *les œuvres de miséricorde*, auxquelles étaient essentiellement tenues les Sœurs de
la charité. Vous trouverez enfin , dans cette correspondance, beaucoup de cette inquiétude, de cette
agitation vraiment religieuse , pour faire parvenir
des secours à ceux dont l'état en réclame ; pour
transmettre aux jeunes filles les leçons de piété et
de morale dont elles pouvaient avoir besoin.

Voilà ce qui compose la correspondance de l'intérieur. Je ne vous la lirai pas. Le commissaire du
Gouvernement vous a invités à la parcourir ; je vous
y invite aussi : ce soin suffira pour compléter la justification d'Adélaïde de Cicé.

[Pause.]

Adélaïde de Cicé s'était livrée à ces soins sous
toutes les formes du Gouvernement, même dans un
temps où , parce qu'on lui en eût fait un crime, elle
dut s'environner de quelque discrétion. Bientôt elle
put se livrer plus librement à ces douces occupations,
dont elle avait contracté une si longue habitude.

Enfin s'était élevé, pour le bonheur de la France,
un Gouvernement nouveau. A peine avait-il paru,
qu'il avait inspiré la confiance et commandé l'amour.
Et comment tous les sentimens ne s'y seraient-ils
pas rattachés ! Ceux qui aimaient la gloire devaient
adorer un Gouvernement dont le chef avait couvert
de l'éclat de ses victoires, les fautes dont à d'autres
époques de la révolution , avait été flétri l'honneur
national. Ceux qui chérissaient la liberté, pouvaient-ils

ne

ne pas admirer un système si heureusement combiné
de force pour comprimer toutes les passions, et de
générosité pour faire germer toutes les idées libérales,
et conserver aux citoyens le juste exercice de leurs
droits et de leurs facultés. Les persécutés eux-mêmes
étaient conduits, et par le souvenir des maux qu'ils
avaient soufferts, et par la perspective si long-temps
ouverte devant eux d'autres maux qu'ils avaient à
craindre, à se presser autour d'un pouvoir digne
enfin de la confiance universelle, et qui, dédaignant
toutes les petites passions, auxquelles s'étaient trop
laissé aller les précédens Gouvernemens, ne voyait
dans ses vastes combinaisons que l'intérêt social,
sans plus le mélanger de l'esprit de parti; oubliait
franchement le passé, et se servait, sans distinction,
de quiconque offrait de la loyauté, des talens et le
désir sincère de concourir à la prospérité publique.
Enfin il n'y avait pas jusqu'à ces êtres apathiques,
morts aux idées généreuses, mais amans du calme
et impatiens de retomber dans le repos, qui ne
vissent avec transport s'établir un Gouvernement
protecteur, capable d'étendre sur tous avec impartialité un bras puissant, et de maintenir au loin, la
propriété et la sécurité, sans autre condition impo-
sée à ceux qu'il protégeait, que de respecter l'ordre
public.

   Comment donc, au milieu de cette disposition
générale des esprits, Adélaïde de Cicé eût-elle haï
le Gouvernement ! Comment se fût-il fait que cette
femme, jusque-là si résignée dans les orageuses
circonstances qui avaient passé; que cette femme,
qui, comme vous l'ont appris les témoins, disait,
dans d'autres temps : *Mes enfans, ne nous occupons
point d'affaires politiques ; prions, c'est le seul soin que
le Ciel ait départi aux femmes,* ne se fût pas sentie
attirée vers ce Gouvernement qui lui permettait

C

d'exercer librement les honorables occupations auxquelles elle s'était dévouée !

Et ce n'était pas assez qu'elle eût , comme tous
les Français , tous ces motifs de bénir un Gouvernement réparateur ; d'autres motifs venaient se joindre
au premier , pour fortifier ce penchant et agir plus
puissamment sur son ame : il lui était enfin permis
d'espérer que cette verge de fer , qui si long-temps
avait alternativement frappé tous les partis, allait
être brisée. Déjà le Gouvernement avait assez an-
noncé qu'en conservant toute sa sévérité , comme
la liberté et nos lois le lui ordonnaient , contre ces
émigrés véritablement condamnables, contre ces enfans parricides de la patrie, contre ces modernes
Coriolans qui avaient été, de cour en cour, mendier
des outrages et des ennemis contre le pays natal , il
pourrait pourtant user de condescendance envers ceux
des bannis qui avaient évidemment cédé à des circonstances orageuses , qui n'avaient pas déserté
volontairement leur poste de citoyen , qui , enfin ,
n'avaient été que les victimes de la violence. Ah ! au
milieu de telles espérances, combien Adélaïde de
Cicé devait couvrir de ses vœux l'existence de ce
Gouvernement nouveau, qui lui permettait d'espérer
que ses frères , auxquels elle était si tendrement atta-
chée , lui seraient rendus ! Premier et grand motif
qui devait convertir sa résignation passée en un vrai
attachement pour le Gouvernement.

Il en était un second , d'autant plus puissant sur
son ame , qu'il touchait à une affection plus irritable
et à ses opinions religieuses. Le Gouvernement avait
donné à tous les cultes la tolérance religieuse, non
plus cette tolérance labiale et non jamais effective ,
mais cette tolérance réelle, proclamée par notre
charte constitutionnelle , lorsqu'elle prononça que
chacun peut servir Dieu à sa manière et suivant sa

foi, sans être obligé de rendre compte à personne de ce qui constitue sa croyance.

Aussi, et comme vous l'avez appris de plusieurs témoins, citoyens jurés, quand Adélaïde de Cicé eut occasion de parler de ce même Gouvernement, elle disait que c'était la providence qui avait suscité Bonaparte pour rétablir la religion catholique. Telle était l'espérance d'Adélaïde de Cicé ; et cette espérance n'était pas injurieuse pour le grand homme qui l'avait fait naître. Peut-être, en effet, ne sera-ce point ce qu'un jour la postérité admirera le moins dans l'histoire de cet illustre citoyen, que l'habileté avec laquelle il sut par-tout, et même dans son pays déchiré trop long-temps par des guerres sacrées, rallier à lui et au bien public les opinions religieuses ; en les honorant toutes sans distinction comme des liens sociaux ; en les honorant toutes, non pas en sectaire, mais en homme d'état ; et sans jamais leur sacrifier la véritable philosophie.

Adélaïde de Cicé ne haïssait donc pas, elle ne pouvait haïr le Gouvernement. Je vous ai rendu compte de ses sentimens ; je vous ai révélé sa moralité. A présent que vous connaissez Adélaïde de Cicé comme moi, je vais vous occuper de l'accusation dirigée contre elle.

Avant de parcourir le système de cette accusation, et pour simplifier la discussion, il faut commencer par écarter tout ce qui y est évidemment étranger.

Cette accusation, vous ne l'avez pas oubliée, citoyens jurés ; elle est terrible ; elle porte sur un trop affreux événement, pour que les élémens qui la composent ne soient pas incessamment présens à votre pensée. Elle a pour objet de convaincre et de faire punir tous ceux *qui ont conspiré contre la sûreté de la République, en méditant le meurtre de son premier magistrat.*

A présent quelles circonstances, en ce qui con-
cerne Adélaïde de Cicé, l'acte d'accusation a-t-il
rattachées à cet épouvantable grief?

Une première charge est sortie d'un livre de prières.
Pour l'intelligence de ce que je vais dire, je prie le
tribunal de faire passer ce livre sous les yeux des
jurés, s'il le croit utile.

Le président. Les jurés l'auront sous les yeux dans
leur chambre des délibérations.

Bellart. Dans ce livre de prières fort ancien, au
milieu d'un grand nombre d'amulettes de dévotion,
d'images des saints du catholicisme, de sentences,
toutes étrangères aux circonstances politiques, toutes
exclusivement tirées d'ouvrages ascétiques, s'est
trouvé un vieux morceau de papier ordinaire, dont
la vétusté, sensible à l'œil, annonce et prouve que,
dès long-temps, il reposait dans ce livre; il porte
ces mots, *vaincre ou mourir.*

Les hommes de la police avaient exercé une
perquisition très-minutieuse. Je suis loin de la leur
reprocher : loin de cela, je les en remercie, au
nom de la patrie; quand il s'agissait de la recherche
d'un aussi grand crime, les scrupules du zèle ne
pouvaient être poussés trop loin. Je les en remercie
sur-tout, au nom de l'innocence; car plus la perquisition a été sévère, plus il devient certain qu'aucune preuve ne leur est échappée.

En feuilletant le livre, ils sont tombés sur cette
image; et cette image les a effrayés; ils ont craint
d'y rencontrer un signe de ralliement.

Un signe de ralliement !

Mais, d'abord, l'état physique de la pièce repous-
sait ce soupçon. Sa vétusté résistait à l'idée qu'elle
tînt à des agitations nouvelles. D'ailleurs, un morceau
de papier commun; nulle vignette; nul emblème;

ces mots seuls écrits en lettres moulées, VAINCRE
OU MOURIR : tout, en un mot, à la seule inspection, et lorsqu'on examinait cette image froidement,
et en mettant à l'écart les inquiétudes, naturelles
sans doute dans de telles circonstances, mais propres
aussi à égarer la raison; tout démontrait que cette
maxime, pareille à vingt autres que renfermait le
livre, était, comme les autres, destinée à faire office
d'un *signet*, pour marquer cette prière, et pas du
tout à fournir un signe de ralliement à des royalistes.
Qui d'ailleurs entendit jamais dire que cette devise
fût la leur! J'ai vainement cherché; nulle part je n'ai
trouvé, dans les monumens historiques des troubles
de ces derniers temps, que la légende des *chouans* fût
Vaincre ou mourir. Ce cri sublime fut souvent poussé
par un parti plus glorieux. Nos victorieuses et ré-
publicaines armées plus d'une fois le firent retentir,
en marchant la baïonnette en avant; et si ces mots
sont un signe de ralliement, c'était, non de nos
ennemis, mais de nos guerriers qu'Adélaïde de Cicé
aurait été la complice.

Ne lui accordons pas toutefois un honneur qui
ne lui appartient pas. Ce n'était pas comme expression de sentimens patriotiques, plus que comme
maxime des rebelles, que cette devise était perdue
dans son livre d'heures, au milieu de la multitude
d'images qui l'encombraient. C'était une légende
mystique s'appliquant à la *victoire* à remporter sur
les passions, si l'on ne voulait encourir la mort
éternelle.

Et voulez-vous, citoyens jurés, une preuve de
l'usage dont est, dans la légende mystique, cette
locution, *Vaincre ou mourir*, employée dans ce sens!
Je vous l'ai déjà dit, le zèle des perquisiteurs a
recueilli dans le domicile d'Adélaïde de Cicé tous
les papiers, tous les objets qui s'y sont trouvés. Une

boîte, sur-tout, a été saisie ; une boîte qui contient
bien d'autres instrumens de conspirations, des ro-
saires, des crucifix, des chapelets, des vierges, des
scapulaires, armures pacifiques dont se revêt la mi-
lice religieuse, ou souvenirs de piété que le culte
catholique honore, et qu'Adélaïde de Cicé distri-
buait à ceux qui s'enrôlaient dans la confrérie de
charité dont naguère je vous parlais.

Parmi ces dévotieux objets se sont rencontrées
une foule d'autres maximes : toutes je les ai parcou-
rues ; vous y jetterez un regard ; toutes vous les
trouverez respirant l'amour du bien et de la paix. J'en
prends deux au hasard ; voici l'une.

« Le démon ne peut voir sans dépit ce que nous
» faisons pour nous convertir et pour plaire à Dieu :
» mais ayons du courage et de la résolution ; celui
» qui nous a appelés, nous aplanira toutes les voies,
» et nous donnera des forces pour *vaincre*. »

Vous voyez l'expression *vaincre* employée ; et cette
fois on ne prétendra pas qu'elle soit un signe de
ralliement.

Voici la seconde sentence :

« Combattre sans cesse, afin de remporter de nou-
» velles *victoires*. »

A en juger par le nombre, qui est très-considérable,
il paraît que chacune de ces maximes était le résultat
des méditations pieuses de chaque journée. Il est
pénible d'en avoir vu travestir une en signe de ralliement. J'ose croire que ce prétendu signe de ralliement est suffisamment expliqué, et je rougis presque
de m'y être si long-temps arrêté.

Je passe à une seconde charge.

Adélaïde de Cicé a correspondu avec des émigrés,
qui lui écrivaient dans un langage mystérieux et
commercial, sous une adresse empruntée, et en se
servant de lettres initiales seulement pour indiquer

les différens personnages rappelés dans la correspondance.

D'abord, vous n'avez pas oublié, je le proteste,
et la loyauté du ministère public ne me démentira
pas, que cette correspondance se compose uniquement de plusieurs lettres de ses trois frères, une de
son neveu, et une d'une femme de ses amies.

Ensuite, nulle lettre ne contient un seul fait
capable d'inquiéter les amis du Gouvernement.

Eh bien ! je le veux : si nous vivions encore sous
ces lois malheureuses qui faisaient un crime à la
sœur de correspondre avec le frère, il y aurait dans
l'existence matérielle de ces lettres, le prétexte odieux
d'une autre accusation ; mais qu'y aurait-il de commun entre le crime d'avoir, au mépris d'une loi
violatrice de la nature, désiré et reçu des nouvelles
d'un ami, d'un frère malheureux, et l'exécrable forfait d'avoir attenté aux jours du premier Consul ?

Elle a correspondu avec ses frères émigrés !

Ah ! je le conçois ; s'il s'agissait de donner un
conseil de prudence seulement ou de respect aux
lois ; s'il était question de répondre à cette question
que vous adresserait, citoyens jurés, ou à moi, un
parent d'émigrés : *Ferai-je bien d'écrire à un frère
malheureux, et de recevoir de ses nouvelles !* et vous
et moi, encore effrayés de l'application si cruelle-
ment faite pendant une longue année de ces lois
dignes de Dracon, convaincus d'ailleurs, que, dans
ces temps difficiles, il est toujours plus sûr *de s'abs-
tenir,* nous répondrions sans doute : « Malheureux,
» séparé de tout ce qui vous fut cher, vous êtes
» à plaindre sans doute, et nous vous plaignons ;
» mais défiez-vous de votre propre sensibilité ;
» efforcez-vous de faire à la patrie le sacrifice de
» vos affections privées ; rompez, s'il se peut,
» tous les liens qui vous unissaient à ce fugitif.

C 4

» Qu'un mur d'airain vous sépare à jamais. La na-
» ture a beau murmurer ; la société l'ordonne:
» N'écrivez pas. »

Nous tiendrions ce langage ; et ayons le courage
de le dire, il nous serait bien facile à tenir, à
nous enfans adoptifs de la révolution, à nous qui
n'avons recueilli que ses bienfaits, à nous qui,
n'ayant vu subir à aucun des nôtres ni persécutions,
ni proscriptions, ni exils, avons le bonheur de pouvoir, au sein d'une patrie sortie d'esclavage, goûter
à la fois les généreuses jouissances que donne la liberté, et les plaisirs si doux de la famille et de l'a-
mitié.

Mais c'est d'Adélaïde de Cicé qu'il s'agit. Je ne
parle pas du rang qui lui fut enlevé : jamais elle
ne le regretta. Je ne parle pas de ses richesses
évanouies : les pauvres seuls y ont perdu. Mais elle
avait trois frères chéris. Jetés dans différens coins
de l'Europe, isolés d'elle, isolés entre eux, poursuivis par la misère, atteints par les infirmités et la
vieillesse, depuis huit ans elle ne les a vus. Peut-
être elle ne les verra plus.

Elle avait une sœur, l'amie, la compagne de son
enfance : sa sœur a suivi son frère, septuagénaire,
sous l'âpre climat de la Prusse. Peut-être elle ne
la verra plus.

Elle avait une belle-sœur : malade, mais cou-
rageuse, elle vit de son travail à Hambourg. Peut-
être elle ne la verra plus.

Elle avait un neveu : depuis huit ans, sa famille
et lui habitent une cabane de pêcheurs dans les
rochers de Jersey. Peut-être elle ne les verra plus.

Ainsi lui ont successivement échappé tous les
objets de ses affections, et ceux que jadis c'était
son devoir et son plaisir d'aimer.

Ils ne sont plus pour elle. La patrie lui ordonne

de renoncer à eux : elle obéit. La patrie lui défend
de murmurer : elle ne murmure pas. La patrie lui
défend sur-tout de former des vœux impies pour que
leur retour s'opère par la force étrangère : loin d'elle
jusqu'à la pensée de ces vœux sacriléges. La patrie
lui défend d'entretenir avec eux des correspondances
criminelles : elle souscrit du fond du cœur à cette
défense ; et elle n'en a pas entretenu. Elle a seulement desiré d'apprendre s'ils vivaient encore ; de
dire, encore une fois, à ce vieillard qui va descendre dans le tombeau, que son cœur n'était pas
fermé pour lui ; d'offrir à ses trois frères, à sa sœur,
à sa belle-sœur, à son neveu, sinon des secours,
du moins des consolations. Elle a reçu enfin de leurs
nouvelles, et leur a donné des siennes.

— En l'an 2 la loi le défendait.

Fermez-vous, livre de la loi : codes de la raison
et de l'humanité, ouvrez-vous ; apprenez-nous s'il
n'avait pas raison ce vertueux Angran, lorsque, prêt
à marcher vers l'échafaud, il répondait vivement à
ses bourreaux, qui lui reprochaient d'avoir violé la
loi en écrivant à ses enfans : *Pouvais-je supposer que
la loi m'ordonnât d'étouffer la nature !*

Adélaïde de Cicé ne l'a pas non plus étouffée. Mais
si sa correspondance ne renferme pas une seule autre
lettre que des lettres d'affection, comment cette correspondance se rattache-t-elle à l'atroce accusation
dirigée contre elle !

Mais pourquoi le mystère des adresses ! Pourquoi
le mystère du langage, lorsqu'on ne parlait que
d'affaires spirituelles ou de famille ! Pourquoi, sur-
tout, le mystère des lettres initiales pour désigner
les personnes !

En réfléchissant, citoyens jurés, et à la position
d'Adélaïde de Cicé, et à la sévérité des lois de l'an 2,
jetées en désuétude par la clémence du Gouvernement,

mais non révoquées par des lois précises, toutes ces
circonstances s'expliquent d'elles-mêmes.

La correspondance avec l'étranger était plutôt
soufferte que permise. Un nom peu connu sur l'adresse
servait plus aisément de passe-port. Si, dans un moment difficile, les surveillans de la sûreté publique
éprouvaient un mouvement ou d'inquiétude ou d'hu-
meur, et étaient tentés de rendre de la sévérité aux
lois sur la correspondance même innocente, les formes
du commerce substituées aux épanchemens de l'amitié
laissaient aux lettres plus de moyens pour parvenir.
En un mot, ce n'étaient pas des précautions prises
par des coupables pour ourdir des complots ; les
lettres sont là qui le prouvent : c'étaient d'ingénieuses
ressources employées par des frères pour pouvoir con-
tinuer de se donner des marques de souvenir et de
tendresse.

Mais les initiales !

Eh bien ! il est vrai, les correspondans ne nom-
maient pas en toutes lettres les compagnons de malheur et d'exil dont ils parlaient. Ah ! fera-t-on à de
tristes bannis un crime de se garder la foi due à
l'infortune ! Et pourquoi donc se seraient-ils nommés !
Était-ce pour que si les lettres étaient interceptées,
ils se fussent mutuellement dénoncés eux-mêmes, et
qu'eux-mêmes ils fournissent, en toutes lettres, les
noms qui jusque-là avaient échappé à la liste fatale !

Ainsi, bien qu'innocente, cette correspondance,
par cela même qu'elle existait, ne pouvait qu'être
enveloppée de quelque mystère. Non formellement
autorisée, elle devait marcher, pour ainsi dire, en
silence, et sur-tout ne pas se signaler assez hautement elle-même pour que le Gouvernement se crût
obligé de sortir de son système de tolérance tacite.

Examinons, enfin, cette correspondance elle-
même.

Ce terrible ministre des vengeances du cardinal de Richelieu, Laubardemont, disait : « Qu'on me » donne six lignes d'une écriture ; et je promets » d'envoyer l'écrivain à l'échafaud. »

C'est une réflexion qu'il faut sur-tout conserver présente dans sa pensée, lorsqu'il s'agit de scruter des lettres roulant sur des traditions intérieures de famille et sur des faits souvent tronqués, par l'inutilité d'exprimer une multitude de sous-entendus bien connus par les correspondans.

Parcourons rapidement ce que la correspondance d'Adélaïde de Cicé pourrait offrir, je ne dis pas d'inquiétant, mais d'inintelligible.

Et à cet égard, qu'il me soit permis de faire une observation d'une grande importance.

Dans le cours des débats, vous vous le rappelez, jurés, au nom d'Adélaïde de Cicé, j'ai prié le commissaire du Gouvernement de vouloir bien établir le débat sur les portions de cette correspondance qui offriraient quelque phrase dans laquelle on pût supposer un sens analogique avec le grand événement dont parle l'acte d'accusation.

Le commissaire du Gouvernement a pensé, dans son résumé, qu'il était inutile d'indiquer les phrases qu'on pourrait considérer comme accusatrices. Il a pensé qu'il suffisait de remettre le tout aux jurés, pour que, dans le silence mutuel et de l'accusateur et de l'accusé, ils se décidassent, seuls, sur l'opinion qu'ils doivent prendre de la correspondance.

Ce magistrat, en exprimant une telle opinion, a sans doute eu pour motif le desir de simplifier une instruction déjà énormément compliquée. Pourquoi ne refuserai-je la consolante pensée qu'un autre motif s'est joint à celui-là ! J'ai vu cette correspondance comme lui. J'y ai puisé l'intime conviction qu'elle ne contient rien de répréhensible. Cette conviction, il l'a comme moi. Cette conviction, apparemment, et l'impuissance de spécifier dans les lettres une seule phrase qui se lie à l'accusation, ont formé le second motif par lequel le commissaire du Gouvernement s'est déterminé à ne vous rien dénoncer en particulier dans la correspondance.

S'il en était autrement, l'accusée se trouverait dans une position très-malheureuse. Une correspondance, et une correspondance assez volumineuse, est produite. En présence de ces lettres, qu'attend-on d'Adélaïde de Cicé, et que veut-on qu'elle dise ! est-ce elle qui peut trouver les phrases qu'empoisonnerait le soupçon ! Pour elle il n'y a rien d'obscur; pour elle il n'y a pas de soupçon, parce que dans les lettres il n'y a rien de criminel. Ira-t-elle, se traînant sur chaque mot l'un après l'autre, vous expliquer longuement les faits minutieux et indifférens qu'ils expriment plus ou moins, établir sur chaque ligne le système d'une démonstration complète, et rapporter de fastidieuses preuves de toutes les explications qu'elle vous transmettra ! Mais cette tâche dégoûtante d'ennui est impossible; le temps et votre patience n'y suffiraient pas. Ce n'est pas ainsi qu'un accusé peut se défendre sur une correspondance. On l'accuse; qu'on lui dise sur quoi. On inculpe ses écrits; qu'on lui dise lesquels. On attaque ses paroles; qu'on lui cite celles qui ont besoin d'être défendues. Jusque-là il faut bien qu'elle se taise; car, au milieu de toutes ces lettres qui sont innocentes, il lui est impossible de deviner quelle est celle que l'erreur pourrait regarder comme coupable.

Mais on me dit : Arrêtez : pourquoi voulez-vous qu'on interroge Adélaïde de Cicé, qui refuse de répondre !

Ah ! citoyens jurés, prémunissez-vous contre une confusion d'idées que pourrait amener ce vague

reproche, et daignez faire une distinction, qui, toute
seule, vous donnera la clef du caractère d'Adélaïde
de Cicé.

Oui : elle a quelquefois refusé de répondre ; mais
sur quoi ! sur les faits ! jamais : sur les personnes
indiquées dans la correspondance ! souvent. Constamment elle a dit : « Veuillez examiner les lettres ;
» tout y est innocent : si quelque chose vous y paraît
» suspect, me voici prête à répondre sur tout, ex-
» cepté sur les noms des personnes. Les noms de
» personnes sont indifférens aux choses, si d'ailleurs
» les choses ne sont pas criminelles, et si les lettres
» ne présentent pas la moindre charge ; et les per-
» sonnes, je ne puis pas les nommer, car je ne veux
» pas les compromettre. »

Je vous dirai la vérité, jurés. Si j'eusse pu disposer de
la volonté d'Adélaïde de Cicé, fidèle à mon premier
devoir, celui de m'occuper exclusivement de la sûreté
de sa défense, j'aurais obtenu d'elle le renoncement à
toute espèce de réserve, même à cet égard. On vous
demande, lui ai-je dit quelquefois, les noms qu'indiquent les initiales : déclarez-les, puisque cela est
sans inconvénient pour vous : il y a des inconvéniens
pour ceux qui les portent ; eh bien ! qu'ils les souffrent.

Ce sentiment n'a pas été partagé. Plus imprudente,
plus généreuse que moi, elle a continué de se taire.
Le fait du silence existe donc : il ne s'agit plus à
présent que de l'apprécier.

Cette correspondance, concentrée encore une
fois entre elle, ses trois frères, sa sœur, son neveu
et une amie qui habitaient une terre étrangère, rappelle quelquefois par des initiales les noms de différentes personnes. Ces personnes, qui étaient-elles !
D'abord elles étaient absolument étrangères à l'affreux
attentat du 3 nivôse, comme à toute autre espèce de
complot : il est aisé de s'en convaincre à la simple

lecture des lettres. C'étaient des parens, des amis, des voisins de ses frères bannis. Quelques - unes n'avaient pas encore obtenu qu'on fît cesser leur exil : quelques-autres, plus heureuses, grâce à la clémence du Gouvernement, la correspondance le dit, jouissaient enfin de leur air natal. Voilà les personnes dont Adélaïde de Cicé, en offrant d'expliquer tout ce qui était de fait, refusait de dire les noms.

Et qu'on ne se trompe pas sur ses motifs. Le commissaire du Gouvernement s'est mépris en attribuant ce silence aux opinions religieuses d'Adélaïde de Cicé. Adélaïde de Cicé n'était pas déterminée, par sa religion, à se taire : c'était uniquement par le respect que, dans ses idées, elle a cru devoir au malheur.

Elle a fait un raisonnement que sauront comprendre tous les bons cœurs. Elle s'est dit : « De ceux que
» désignent les initiales, une partie indiquée dans les
» lettres comme émigrés rentrés, ont enfin recouvré le
» pays qui les a vu naître; ce pays, l'objet de leurs
» éternels regrets ; ce pays, aux lois duquel ils
» s'estiment désormais trop heureux qu'on leur per-
» mette d'obéir ; ils y vivent ignorés, paisibles et
» soumis. D'autres, indiqués dans les lettres, su-
» bissent encore les rigueurs du bannissement : tout
» espoir cependant ne leur est pas ravi ; ils osent se
» flatter de revoir leur patrie. Chaque jour même,
» quelques-uns profitent de la pitié publique, qui
» ne refuse plus de distinguer les malheureux des
» coupables.
» Est-ce donc à moi, parente de tant d'infortunés
» errans comme eux, de leur ravir, par mes dénon-
» ciations, ou cette sécurité, ou cette espérance
» qui les soutient encore dans leur misère ! Est-ce
» à moi, sœur de proscrits, tante de proscrits,

» parente de proscrits, et le Gouvernement est trop
» grand pour me faire un crime de leur faute;
» quand je suis restée fidèle à ses lois, est-ce à moi
» d'écrire, de ma propre main, dans les archives
» judiciaires, les noms de tous ces malheureux, au
» risque de voir ceux déjà rentrés, poursuivis, pour
» savoir s'ils sont suffisamment en règle, et d'en-
» lever, par cette espèce de signalement public,
» toute espérance à ceux qui sont à la veille peut-
» être de profiter de la tolérance d'un Gouverne-
» ment humain autant que politique! Est-ce à moi,
» par je ne sais quelles lâches considérations de
» sûreté personnelle, et pour écarter une préven-
« tion sans fondement, à me sacrifier tant de tristes
» victimes! Non: je m'en repose sur mon inno-
» cence, et il me serait encore plus facile de périr
» que de me déshonorer. »

Tels ont été les motifs d'Adélaïde de Cicé. Je
devais à la fidélité de la défense, de vous les dé-
velopper : votre raison et votre cœur les jugeront.

Je viens à la correspondance même.

Un billet se présente, et ce billet est devenu suspect plus par sa forme que par son contenu. Il est
écrit sur gaze; et cette circonstance d'une matière
peu communément employée pour écrire a frappé
l'imagination. Il eût été facile de perdre ces premières inquiétudes, en retenant l'idée de ce système
général de secret, et, si l'on veut, de dissimulation,
qui environnait toujours, par sa nature même, la
correspondance des gens du dehors avec ceux du
dedans, alors même qu'elle était innocente. Puisque
pour écrire à ses amis qu'on les aimait, il fallait du
mystère, on se servait de précautions mystérieuses;
et l'emploi de la gaze, moins faite pour appeler l'inter-
ception que le papier, en était une. Mais enfin de la
gaze n'est pas un crime aux yeux de la raison. Que

contenait cette lettre de gaze, la seule qu'Adélaïde de Cicé ait reçue d'une de ses amies ! Le voici :

« La bonne Julie, ma chere Adélaïde, m'a fait » part de vos bonnes intentions pour moi. Je l'ai » chargée de vous en remercier.................

Il n'y a rien là je crois d'alarmant pour la sûreté publique. Voici une phrase qui a paru obscure.

» L'ab. de Br. est ici pour la même fin que M. D. ; » il a fait l'acquisition de deux bons compagnons. » Rien n'est encore décidé ; son chef, dont je vous » avais parlé, est à Ro.... actuellement ; et j'espère, » quand je vous verrai, pouvoir vous donner des » détails qui vous satisferont. »

Qu'est-ce que c'est que l'ab. de Br. ! Adélaïde de Cicé l'a expliqué ; c'est l'abbé de Broglie, fondateur ou résurrecteur d'une ancienne société, qu'il va cherchant à propager par toute l'Europe, et laquelle n'a pas toujours été mal accueillie par nos propres généraux, qui quelquefois ont éprouvé de bons effets de la sollicitude de cette espèce de missionnaires.

Voici ce que je lis dans un journal antérieur au malheureux événement du 3 nivôse, dans le n.º de vendémiaire an 9 des Annales philosophiques, qui n'ont pas été composées pour la cause.

« Nous avons déjà vu, dans nos précédens cahiers, » avec quel zèle les prêtres français, déportés en » Allemagne, s'empressent d'offrir aux prisonniers » de leur nation, tous les secours qui sont en leur » pouvoir....... et ce zèle ne se ralentit pas, et » chaque jour en offre de nouvelles preuves. La » congrégation établie en Allemagne par les soins » de *l'abbé de Broglie* et l'autorité du pape, sur le » modèle de celle des Jésuites, dont elle suit la règle » et porte l'habit, se voue particulièrement à ces » bonnes œuvres, en envoyant des prêtres par-tout » où

» où l'on sait qu'il y a des prisonniers françois ma-
» lades. . . . . On les voit rendre les services les plus
» rebutans, jusqu'à panser leurs plaies et les délivrer
» de la vermine. A Augsbourg et à Ratisbonne,
» les généraux français leur ont permis de visiter les
» soldats malades, &c. »

Ainsi l'abbé de Broglie fondait un ordre destiné
à servir les malades. Il cherchait des prosélytes par-
tout; il en avait trouvé deux dans le lieu qu'habitait
l'amie d'Adélaïde de Cicé. Son chef était à Ro....;
c'est-à-dire, à Rome; et ce chef, pour en finir, c'était
le révérend père *Pacanari*, nommé, par le Saint-Père,
général de cet ordre renaissant.

On sent quelle importante nouvelle c'était-là pour
deux femmes consacrées, chacune de son côté, aux
mêmes devoirs et aux mêmes occupations.

La lettre finit ainsi : « Je desire que tout se
» rapporte aux anciens principes que vous et moi
» avons embrassés. Je crois bien que ceux de la
» morale sont très-bons; mais, s'accorderont-ils tou-
» jours avec ceux de la R... , et de l'ancienne
» équité! »

Cette R... toute seule a encore ébranlé quelques
imaginations soupçonneuses; elles ont cru y voir
la première lettre et l'idée du mot *royauté*. Rien dans
la lettre ne mène à cette idée; le sens nécessaire
de la phrase la repousse même. C'était de spiritualité
qu'on s'occupait. On disait que les principes de la
morale étaient très-bons; mais, se pressait d'ajouter
la dévote correspondante, s'accorderont-ils toujours
avec ceux. . . . . avec ceux évidemment, non pas
de la royauté, mais de la religion! car on ne dit
pas les principes de la royauté, mais bien ceux de
la religion; car l'idée d'opposition qu'on voulait
faire contraster avec les principes de la morale, était
nécessairement l'idée des principes de la religion.

D

Ces deux idées naissaient l'une de l'autre, naturellement et sans effort.

En voilà assez sur cette première lettre, que j'ai cru devoir honorer de quelque discussion : non qu'elle ait paru dans les débats ; mais parce qu'étant rappelée dans l'acte d'accusation, elle ne doit pas paraître sous vos yeux seule et sans explication.

Une seconde lettre a été écrite par Augustin de Cicé à sa sœur. Augustin de Cicé, en lui parlant d'un de ses domaines vendus, lui disait : « Ne serait-il » pas possible d'obtenir de l'acquéreur qu'il voulût » bien me faire une remise sur le prix ? On pourrait » lui faire part de l'espérance que j'ai de recouvrer » mes biens. »

Augustin de Cicé espérait, en effet, d'être rayé, et de rentrer même dans ceux de ses biens qui n'avaient pas été valablement vendus. Or on assurait que les formes n'avaient pas été remplies pour la vente de celui-ci.

« Au reste, ajoutait-il, vous en ferez ce que » vous voudrez ; et ne faites rien, si vous le voulez. »

C'est ce qu'en effet voulut Adélaïde de Cicé : elle ne fit rien. Il fallait être à Hambourg, pour croire qu'une pareille proposition pût être accueillie. Cette lettre n'a eu nulle suite. Vous savez, citoyens jurés, que le débat n'a pas fourni l'ombre d'une preuve à cet égard.

Écartons donc, citoyens jurés, tous ces premiers griefs, véritablement parasites à l'égard de l'accusation, à laquelle, même vrais, ils ne se rattacheraient en rien ; et arrivons, il en est temps, à l'accusation elle-même.

Je dois répéter le titre de l'accusation ; il fait frémir ; et malgré moi, je suis saisi d'une sorte d'horreur invincible, chaque fois que j'en rappelle les termes, en songeant que je les applique à Adélaïde de Cicé, et que c'est elle qui doit y répondre.

Est-elle coupable d'avoir coopéré à l'affreux complot *qui tendait à l'assassinat du premier magistrat de la France*, et qui devait priver l'Europe de son héros, et la République de son chef !

Vous avez recueilli tous les débats, citoyens jurés : vous vous y êtes convaincus qu'Adélaïde de Cicé ne se trouve liée, ni de loin, ni de près, à aucun des faits qui ont précédé cet horrible attentat, à aucune des mesures parricides qui ont préparé, amené cette exécrable catastrophe.

Mais suis-je bien sûr de ce que j'avance ?

Les débats, il est vrai, n'ont rien appris contre Adélaïde de Cicé : mais je tiens encore à la main cette correspondance saisie chez elle. J'ai dû la parcourir ; je l'ai lue toute entière. J'ai fait à la justice le serment de n'employer que la vérité dans la défense, et j'abhorre le parjure. Je dois à la société de ne pas sauver une coupable par d'artificieuses ressources ; et je veux être fidèle à ce devoir.

Eh bien ! dans ma conscience, puis-je vous affirmer que dans cette correspondance il n'existe pas contre Adélaïde de Cicé une preuve terrible que ce complot ne lui a pas été inconnu, qu'elle a su le nom des machinateurs, qu'elle est intimement liée avec plusieurs d'entre eux, et que dès avant que le crime fût commis, Adélaïde de Cicé était au courant de cette infernale trame !

Non, jurés, je ne puis vous l'affirmer.

Déjà l'acte d'accusation lui a adressé le reproche d'avoir reçu, avant le 3 nivôse, une lettre qui contenait des marques d'intérêt pour le Petit-François.

Le vengeur public, il est vrai, n'a pas fait reparaître cette imputation dans son résumé : mais qu'importe !

D 2

S'il a déserté son poste d'accusateur, c'est moi, moi-même, qui m'en empare.

Adélaïde de Cicé, répondez-moi ; car c'est moi, votre défenseur, qui vous accuse. Répondez à la plus foudroyante charge qui puisse être portée contre vous. Et tous, écoutez avec recueillement.

Voici une lettre saisie chez Adélaïde de Cicé. Elle est du 25 octobre 1800. Cette date correspond à brumaire an 9 : elle est antérieure de quelques décades au crime. J'y lis cette phrase avec autant de surprise que d'effroi :

« Vous me parlez d'une lettre du 3 août qui vous
» a touchée, lui écrivait-on. Vous le serez aussi
» beaucoup de la réponse que vous pourrez avoir
» du facteur le plus assidu ; et de l'agent principal
» de la boutique, le petit P. François V. ou de ses
» deux aides et amis les plus intimes J. Christ. Fr. ou
» J. B. D. lequel vous est connu personnellement....
» Ces trois méritent toute amitié et confiance pour le
» commerce général. »

Non, jurés, je ne vous peindrai jamais la stupeur profonde et mêlée d'horreur dans laquelle me jeta cette lecture. A peine revenu de ma première consternation, je voulus vainement me rendre compte des détails de cette effroyable lettre : tout ne servait qu'à confondre ma raison.

Je regardais la date du temps, elle se rapprochait de l'époque du crime ; la date du lieu, c'était Halberstadt, une terre étrangère ; l'écrivain, c'était un émigré, et peut-être un ennemi ; le langage, il était mystérieux, on y parlait de boutique, de facteur principal, d'agent, de commerce général ; les personnages dont on y parlait..... Les personnages ! mes cheveux se dressaient sur ma tête, c'était le *Petit-François*..... et le Petit-François a préparé la machine meurtrière ; c'était le Petit-François,

l'agent principal et le facteur le plus assidu de la boutique ;
et le Petit-François a été, en effet, l'instrument le
plus actif de l'attentat; c'étaient le Petit-François
et *les deux compagnons,* et la procédure, en effet, lui
donne deux complices, Saint-Réjant et Limoelan ;
c'étaient deux compagnons *dont le dernier, disait la
lettre, était plus connu d'Adélaïde de Cicé,* et elle ne
connaissait pas, en effet, Saint-Réjant ; mais elle
m'avait dit qu'elle avait vu deux fois dans sa vie, il
y a un an, Limoelan.

Et quels moyens, me disais-je, en frémissant, de
résister à cette affreuse lumière !

J'avais beau me récrier en moi-même : Toutes les
lois de la nature sont-elles donc bouleversées à ce
point ! toute cette vertu, non-démentie pendant trente
années, n'est-elle qu'une longue et odieuse hypocrisie, sans motifs et sans explication ! J'avais beau
appeler à mon aide et ce sentiment intérieur qui me
criait qu'il était impossible qu'Adélaïde de Cicé fût
coupable, la révolte même de ma conscience sou-
levée contre une aussi monstrueuse invraisemblance,
enfin cette indomptable conviction de son innocence, cette conviction que je sens, dont je suis
pénétré dans tout mon être, cette conviction que
je ne vous transmettrai jamais au degré où je l'é-
prouve moi-même, parce qu'il faudrait comme moi
avoir vécu avec elle dans l'intimité de sa prison,
avoir comme moi recueilli les convulsions de l'horreur
que lui inspirait cet attentat, avoir vu comme moi
avec quelle exécration cette ame tendre et pieuse
reculait devant la supposition qu'elle fût la complice d'un pareil crime, avoir saisi comme moi
ces accens fugitifs de la voix, ces nuances imper-
ceptibles de la physionomie, ces regards vrais et
touchans, cet inimitable ton de la vérité, tous ces
détails qu'on ne feint pas, et qui, aux yeux de

l'observateur, finissent toujours par signaler l'innocence et par démasquer la scélératesse.

Tout ce soulèvement de mes sentimens venait se
briser contre ma raison, et ma raison continuait de
reporter ma vue sur ces lignes fatales, et de m'en
demander l'explication.

Las enfin de me perdre, sans guide, dans cet
inextricable dédale, je repoussai cette lettre, en me
disant à moi-même : Non, la bonté humaine n'est
pas un vain mot, et la nature ne peut mentir à ses
propres loix. Tout ceci paraît inexplicable; tout ceci,
j'en jure par la vertu, sera expliqué.

Je courus interroger Adélaïde de Cicé.

A présent, jurés, et puisque je l'ai entendue, ne
frémissez plus pour l'innocence; frémissez de l'erreur
qui assiége si souvent la justice.

Quel est, me suis-je pressé de lui demander, l'auteur de cette lettre !

La réponse fut simple : Elle est de mon frère
l'évêque d'Auxerre.

Soudain jaillit un premier trait de lumière.

Déjà il était incompréhensible pour moi qu'Adélaïde de Cicé, dont la vie entière s'est écoulée dans
des habitudes douces et paisibles, plus encore que
vertueuses, fût complice d'un meurtre horrible. Combien cette invraisemblance croissait encore, en voyant,
par un renversement de toutes les probabilités humaines, un vieillard de soixante-quinze ans, un ministre
de paix, que jadis on avait regardé comme digne d'en
porter le titre, un banni, il est vrai, mais un banni
qui, dans sa longue carrière, honorée par une bonté
constante, n'avait eu qu'une seule faute à se reprocher, celle de s'être laissé trop légèrement effrayer
par les troubles de sa patrie, devenir tout-à-coup un
lâche assassin, infecter sa sœur de toutes ses fureurs,
et, du fond de sa retraite tranquille, s'associant aux

brigands les plus vils et les plus féroces, enfanter, conseiller, diriger le forfait le plus atroce qui ait jamais souillé la mémoire des hommes!

Cependant je ne me suis pas arrêté à cette espèce d'acception de personnes, et j'ai continué de demander des explications.

La phrase qui m'avait glacé les sens commençait par ces mots : *Vous me parlez d'une lettre du 3 août qui vous a touchée.* Quelle était cette lettre du 3 août!

Par un de ces hasards que la Providence met en réserve, pour les susciter, au moment où on s'y attend le moins, en faveur de l'innocence soupçonnée, cette lettre se trouvait imprimée dans les Annales philosophiques, n.° de vendémiaire an 9, *trois mois avant l'attentat.* Voici à quel sujet elle avait été écrite, puis recueillie dans ce journal.

Un ouragan terrible, le mois d'auparavant, avait dévasté la commune de Gy-l'Évêque, qui faisait partie de l'évêché d'Auxerre ; il en avait ruiné plusieurs pauvres habitans. Le vieil évêque l'avait appris dans sa retraite ; son cœur s'était ému pour ses anciens diocésains, et d'Halberstadt il leur avait fait passer vingt louis de France, avec cette lettre, que ces bons habitans, touchés du souvenir de leur pasteur, avaient ensuite adressée au journaliste. La lettre de ce conseiller, de ce directeur de l'attentat du 3 nivôse, de ce protecteur des brigands qui l'ont commis, est ainsi conçue :

D'Halberstadt en Prusse, 3 août 1800.

« Chers habitans,

» J'ai appris avec douleur , par les gazettes,
» l'affreux ravage que l'ouragan et l'inondation du
» 9 juillet ont causé dans les villages de Gy-l'évêque
» et de Vallan. Pendant long-temps j'ai joui d'une

D 4

» portion des revenus de l'évêché dans votre par-
» roisse, que je n'ai jamais cessé d'aimer. On n'y
» doute pas sûrement que si je m'en étais trouvé à
» portée, je n'y fusse promptement accouru, pour
» régler avec vous les divers soulagemens qu'il
» m'eût été possible de vous offrir, et pour tâcher
» de retenir dans votre sein les familles qui ont le
» plus souffert.

» Dans mon éloignement, après toutes les pertes
» et les différens malheurs que j'ai éprouvés, les
» faibles ressources qui me font subsister ne me per-
» mettent pas de rassembler actuellement plus de
» vingt louis d'or de France pour les joindre à la
» masse des secours à distribuer parmi vous dans la
» proportion des pertes et des besoins. Sûrement nos
» bons habitans d'Auxerre et des environs se sont
» empressés de venir à votre secours avec le zèle
» qu'ils ont toujours eu pour soulager l'infortune,
» et qu'ils ont montré depuis long-temps contre le
» fléau de la mendicité. C'est une consolation pour
» moi de m'associer encore aujourd'hui pour vous
» à l'œuvre de leur charité. Bientôt je ne pourrai
» plus en exercer aucune; et quoique ma santé,
» grâces à Dieu, soit meilleure que je n'eusse dû
» l'espérer, mon âge de soixante-quinze ans m'avertit
» que dans peu je n'aurai plus pour moi-même d'au-
» tres besoins que ceux des prières qu'on voudra
» bien faire pour mon éternel repos. Je me recom-
» mande aux vôtres avec confiance, &c. »

A cet instant même, et en finissant cette lecture,
citoyens jurés, tous mes doutes furent éclaircis;
j'éprouvai l'impression que vous éprouvez tous sans
doute; je restai convaincu qu'on ne préludait pas
à un conseil d'assassinat par la mention d'une lettre
où certes n'en respirent pas les maximes; et que la

même phrase ne pouvait renfermer le monstrueux assemblage de deux idées, dont l'une appartenait à une vertu très-pure, et l'autre au dernier degré de la scélératesse.

Je continuai néanmoins mon inquisition.

La lettre à Adélaïde de Cicé parlait d'une réponse à la lettre du 3 août; je voulus la connaître; c'était celle que, dans l'épanchement de leur honnête gratitude, les paysans avaient adressée à leur ci-devant évêque. Je crois inutile de la mettre sous vos yeux : elle est aussi imprimée dans le n.º de brumaire du même journal.

La lettre à Adélaïde de Cicé, en parlant de cette réponse, ajoutait, « que vous pourrez vous procurer » du facteur le plus assidu, et de l'agent principal » de la boutique le petit P. François V........ »

Oh! sûrement, et j'ose à présent le croire, sans qu'il soit besoin de vous apprendre quel est ce petit P. François V., vous êtes aussi certains que moi qu'il ne s'agit pas du tout du Petit-François. Il vous est bien évident que celui qui écrit une lettre pareille à celle du 3 août, n'est pas capable d'entrer dans une conspiration d'assassinat; que *ce facteur assidu, cet agent principal de la boutique*, quelques motifs qu'on eût pu avoir pour le désigner par de telles expressions, ne peut pas être un homme capable lui-même de tremper dans un meurtre. Je pourrais donc ne pas vous le faire connaître; mais je veux qu'il ne reste pas l'ombre du mystère sur cet homicide passage de la lettre.

Le petit P. François V., car il faut remarquer les deux initiales dont le mot *François* est précédé et suivi, n'est pas le *Petit-François* tout court, mais le petit *Pierre-François Viard*, ecclésiastique très-aimé de l'évêque d'Auxerre, qui dans son intimité l'appelait *Petit-Père*, ci-devant grand-vicaire du diocèse, et qui encore aujourd'hui, par la tolérance du

Gouvernement, administre, quant au spirituel, le département de l'Yonne.

Jean-Baptiste de Cicé, par *boutique et commerce général*, faisait allusion au diocèse et à son administration ; et il appelait *facteur assidu et agent principal* son grand-vicaire, voulant désigner, par ces mots, l'espèce de soins auxquels il se livrait pour que les catholiques ne souffrissent pas de l'absence de leur évêque.

Quant à ses deux compagnons, J. Christ. Fr. et J. B. D., c'étaient, en effet, deux autres ecclésiastiques du même diocèse, associés aux soins spirituels que prend le C.en Viard ; et qui sont, ainsi que les initiales l'indiquent déjà, l'un Jean-Christophe Frotier, et l'autre Jean-Baptiste Digard.

Et pour que vous n'en puissiez douter, je vous présente, non pas des certificats, mais des actes en forme, vieux et récens, et même des actes administratifs. Le premier est un acte devant notaire, en date du 26 mars 1774, où paraît Pierre-François Viard, prêtre domicilié à Auxerre. Le deuxième et le troisième sont deux actes administratifs, dont l'un du 28 ventôse an 8 est un mandat donné par le département de l'Yonne à Pierre-François Viard, ex-chanoine d'Auxerre, sur le payeur général ; et l'autre, un certificat de la municipalité d'Auxerre, daté du 29 ventôse an 8, qui reçoit la déclaration de Pierre-François Viard qu'il ne jouit d'aucun autre traitement que de sa pension d'ex-chanoine. Le quatrième est un acte devant notaire passé par Jean-Christophe Frotier, chanoine d'Auxerre. Le cinquième et le sixième enfin sont, l'un un acte passé devant notaire en 1792 par Jean-Baptiste Digard, et l'autre un certificat de prestation de fidélité aux lois de la République, délivré le 15 frimaire an 9 par le maire d'Auxerre à Jean-Baptiste Digard, ex-chanoine d'Auxerre.

« Ainsi, citoyens jurés, vous tenez tous les fils de la conspiration soupçonnée dans cette fameuse lettre; vous connaissez tous les conspirateurs, et vous êtes enfin remis de l'impression terrible qu'avaient dû vous faire comme à moi, et cette apparition soudaine du Petit-François dans la correspondance d'Adélaïde de Cicé, et cet étrange amoncellement de hasards qui étaient venus donner des apparences criminelles à la lettre la plus innocente.

Toutes ces apparences ont disparu devant la vérité. J'ai pu vous fournir des démonstrations mathématiques que tous ces hasards n'étaient que des hasards.

Je l'ai pu !

Mais si je ne l'avais pas pu ; si ces actes qui m'ont servi à vous prouver l'existence de ces trois prêtres, les anciens collaborateurs du ci-devant évêque d'Auxerre, je les avais ignorés ; si cette lettre du 3 août n'avait jamais été imprimée à une époque non suspecte, et elle pouvait, en effet, ne l'être pas ; si, depuis la lettre écrite à Adélaïde de Cicé, ceux à qui s'appliquaient les initiales, avaient disparu, ou s'ils avaient été plus inconnus ; si, enfin, et les actes et les hommes, tout eût échappé à la mémoire d'Adélaïde de Cicé et à nos recherches : grands dieux ! quelle affreuse idée !

La lettre n'en était pas moins innocente, et elle paraissait criminelle. La vérité reposait sous ces voiles purs et irréprochables ; mais ces voiles mensongers offraient un fantôme de complicité. Au moment où je parle, je tremblerais moi-même devant ce fantôme ; je craindrais de ne défendre qu'une coupable ; je me consumerais, du moins, en vains efforts, en raisonnemens abandonnés par les preuves, pour prévenir un assassinat judiciaire, et peut-être ne serais-je pas assez heureux pour l'emporter, à la fin, sur cet amas écrasant de vraisemblances accusatrices.

Ah ! jurés, qu'il avait raison, ce cruel Laubardémont ! Mais que cette haute leçon ne soit pas perdue pour la raison humaine. Ce sont des preuves qu'il faut pour disposer de la vie des hommes ; et si, sur quelques apparences exprimées d'une correspondance qu'on a environnée de mystère, non parce qu'on y méditait des crimes, mais parce qu'on écrivait au milieu de circonstances difficiles, et sur des matières regardées long-temps comme délicates, on se hâtait de prononcer la culpabilité, songeons qu'il n'y a pas un seul de nous, juges, jurés et spectateurs, qui ne soit exposé à porter sa tête sur un échafaud.

Je ne vous en dirai pas davantage sur ces lettres. Puisqu'on n'en oppose aucune en particulier à Adélaïde de Cicé, je ne répondrai plus à aucune en particulier. Seulement, et si, en parcourant cette correspondance qui vous sera remise, vous aperceviez encore quelques obscurités que je n'aie pas dissipées, parce que je ne les ai pas prévues et qu'on ne les a pas opposées, vous vous souviendrez du petit Pierre-François Viart, et du cruel épisode auquel il pouvait donner lieu dans ce procès, et vous vous direz : Ne jugeons pas légèrement sur des apparences ; ou bien, s'il faut croire aux apparences, croyons aussi aux apparences de la vertu : car pourquoi le crime seul aurait-il ce triste privilége ! Croyons qu'en matière d'apparences, il n'y a rien de plus sûr que le témoignage d'une vie toute entière, et *l'apparence* de trente années de vertus ; croyons que celle qui pendant trente années fut sans reproche, qui pendant trente années ne laissa point passer un seul jour sans le marquer d'un bienfait envers ses semblables, qui dès sa jeunesse délaissa toutes les illusions du monde, toutes les jouissances de la grandeur et de l'opulence, toutes les séductions

même de la nature, pour aller sous le chaume et
dans les asiles du malheur et des maladies, répandre
sur les pauvres ses soins tendres et compatissans,
n'est pas tout-à-coup devenue un monstre odieux,
le rebut de l'espèce humaine, et l'horreur de la
postérité.

Après cette explication, j'aborde les charges; et
fort de cette impression que j'ai dû vous donner
parce que je l'ai reçue et conservée moi-même, de
cette impression que sait créer seule, non pas certes
le talent que je n'ai point, mais l'auguste vérité,
je sens que je puis les parcourir rapidement.

Je l'ai dit : les débats n'ont rien fourni qui rat-
tache Adélaïde de Cicé aux faits antérieurs au crime
du 3 nivôse.

Ce crime s'est donc accompli sans elle.

Quel est alors le fait qu'on lui reproche ?

Je prends l'acte d'accusation, et j'y lis : Limoelan,
le 7 nivôse, a été chez Adélaïde de Cicé. Ce chef
de conspirateurs voulait cacher un de ses complices :
il a confié et son secret et son complice Carbon
à Adélaïde de Cicé. Elle a reçu cet horrible dépôt;
elle ne pouvait pas donner d'asile à Carbon ; elle
l'a recommandé à M.me Duquesne, et l'a engagée
à le recevoir : voilà ce dont on l'accuse.

Eh bien! je veux blasphémer contre la moralité
d'Adélaïde de Cicé et contre le bon sens. Dût-on
m'accuser d'audace, je prends comme vrai tout ce
que suppose l'acte d'accusation. Je suppose que
sciemment Adélaïde de Cicé, sur la recommandation directe de Limoelan, a procuré une retraite à
l'un des misérables qui ont trempé dans le forfait
du 3 nivôse.

Jurés, vous n'êtes pas ici pour décerner l'éloge
ou le blâme : une plus redoutable fonction vous est
donnée ; vous disposez de la vie des hommes. Vous

rappeler ce terrible pouvoir, c'est vous dire quel est le but de vos recherches. Vous n'avez pas à examiner si tel fait est blâmable ; vous regardez uniquement si tel fait est un crime.

Eh bien ! j'oublie les dénégations que vous a faites Adélaïde de Cicé avec cet accent de vérité qui retentira long-temps dans vos cœurs, que Limoelan lui ait adressé Carbon ; j'oublie toutes les vraisemblances qui se réunissent, et dont je vous entretiendrai, pour démontrer qu'elle a ignoré ce qu'avait fait Carbon : je crois chaque mot de l'acte d'accusation. Il reste donc qu'Adélaïde de Cicé, bien étrangère à l'exécution du crime, a pourtant donné sciemment refuge au criminel.

Je m'adresse à votre raison, à votre raison toute seule ; et je demande ce que c'est que le crime de donner asile. Certes, je serais loin d'approuver cette indiscrète pitié ; je serais plus loin encore de trouver bien qu'une femme dont toute la vie se serait écoulée dans la pratique de la vertu la plus austère, fût devenue si compatissante envers de tels coupables. Je la blâmerais amèrement ; toute la société la blâmerait. Mais ce n'est ni de mon opinion, ni de celle de la société, ni de la vôtre, citoyens jurés, qu'il s'agit ; c'est de la qualité de l'action. La compassion bien ou mal raisonnée pour le criminel, ne devient pas le crime même. Donner asile à un parricide, ce n'est pas être complice du meurtre affreux qu'il a commis, et avoir tué son père.

Mais je rougis de m'abaisser à une pareille supposition. Fidèle à l'instinct de générosité qui a été le régulateur de toute sa vie, Adélaïde de Cicé, en donnant asile à Carbon, croyait exercer un acte innocent de bienfaisance envers un homme qui n'en était pas indigne ; on le lui a présenté comme émigré. C'est ce qu'elle a constamment déclaré ; et dans

le débat aucune circonstance n'est venue lui donner
un démenti.

Cependant on s'obstine à vouloir qu'elle ait su
que Carbon était un conspirateur; et de cette connaissance supposée on tire ensuite la conséquence
que, puisqu'elle le connaissait, et que sciemment
elle lui procurait un asile, elle était sa complice.

Je n'examinerai pas jusqu'à quel point est barbare une telle manière de raisonner, jusqu'à quel
point elle outrage tout-à-la-fois l'humanité et le
bon sens.

J'observe seulement que puisqu'on fait résulter la
complicité du *sciemment*, en détruisant le *sciemment*
je détruis la complicité.

Or il ne me sera pas difficile d'y parvenir.

Et d'abord, comme on l'a vu, on ne cite aucun
fait direct dont on puisse induire qu'elle a su le crime
de Carbon. C'est pourtant à l'accusateur à rassembler sur le fait de l'accusation une mesure de preuves
positives capable de faire violence à la conviction
du jury.

A défaut de preuves positives, on en fait valoir une
négative : on lui dit : Vous refusez de nommer la
personne qui vous a recommandé Carbon, donc c'est
Limoelan; et puisque c'est Limoelan, vous connaissiez l'auteur du crime; et puisque vous connaissiez
l'auteur du crime, vous aviez eu révélation du crime
même; et puisque le crime vous avait été révélé,
vous êtes complice du crime.

J'ai promis de ne plus faire attention à la logique
employée contre Adélaïde de Cicé; toute digne que
celle-ci serait de l'inquisition, pour le moment je
la regarde comme bonne.

Eh bien! en quoi ce refus de nommer la personne
qui lui a recommandé Carbon, prouve-t-il contre la
sincérité de son affirmation !

Elle vous a dit avec simplicité, que le 7 nivôse, à la nuit fermée, une personne qui n'était pas Li- moelan, une personne dont l'innocence lui est aussi clairement démontrée que la sienne propre, lui a dit qu'il y avait, à la porte de sa maison, un malheu- reux émigré dont les papiers n'étaient pas en règle, et qui desirait une retraite pour quelques jours seule- ment ; que cette personne lui avait demandé s'il ne serait pas possible qu'elle la lui procurât ; qu'à cet instant même Mmes de Gouyon, logées chez les religieuses de Saint-Michel, étaient dans la maison ; qu'elle leur transmit la recommandation qu'elle ve- nait d'accueillir, et les pria de le conduire avec elles chez les religieuses de Saint-Michel ; que Mmes de Gouyon croyant comme elle n'obliger qu'un simple émigré, y consentirent ; qu'elles trouvèrent cet homme à la porte de la rue, et l'emmenèrent.

Voilà ce qu'elle a sans cesse déclaré ; et encore une fois, nul témoignage n'est venu combattre cette version.

Mais elle ne nomme pas cet intermédiaire qui la sépare de Limoelan. Quel est son motif ! Elle n'en peut, dit-on, avoir qu'un, l'impuissance de le nommer, parce qu'il n'existe pas.

A présent que vous connaissez Adélaïde de Cicé, et que vous savez de quoi elle est capable quand il s'agit de faire ce qu'elle croit être le bien, j'ai le droit de vous dire qu'il y a pour elle un motif plus vraisemblable, la générosité. Vous vous rappelez cette réponse touchante : *J'ai fait tant de malheureux autour de moi par ma fatale indiscrétion, que je ne veux pas avoir un malheur de plus à me reprocher. Je ne veux pas faire comprendre dans cet affreux procès un infor- tuné, de l'innocence duquel je suis aussi sûre que de la mienne, et qui a été trompé comme moi.*

Et le moyen de résister à l'accent de vérité dont
elle

elle a accompagné cette réponse ! Le moyen de n'être pas convaincu qu'elle n'en impose pas sur ses motifs, en jetant les yeux sur ces fatales banquettes ! De qui y est-elle entourée ! Hélas ! ce n'est pas de ses complices, ce mot ne peut pas convenir aux compagnes de sa bienfaisance ; c'est de ses victimes. C'est elle, c'est son imprudence qui a troublé leur repos, et leur a valu leurs angoisses. C'est son imprudence qui a semé autour d'elle, répandu sur tous ceux dont elle était chérie ou respectée, les outrages, la captivité et les accusations. Elle a prié sa malheureuse couturière de recevoir les lettres de son frère Augustin de Cicé : la couturière a failli d'être mise en jugement. Bèche, son ancien domestique, a été chargé, par elle, de recevoir les lettres de l'évêque d'Auxerre : Bèche a été arrêté. A sa recommandation, l'accusée Duquesne reçoit cet homme qu'elle croyait un émigré : cette pauvre et respectable religieuse est arrachée à ses compagnes. La voici aux pieds de la justice. Enfin, sur sa prière, l'accusée Gouyon conduit cet émigré à Mme Duquesne : Mme Gouyon et ses deux filles sont jetées en prison ; Mme Gouyon et ses deux filles subissent aussi, dans ce moment, l'humiliation d'un procès criminel.

Voilà les coups qui ont percé cette ame profondément sensible. Voilà, au milieu de cette agonie de douleurs, dans laquelle elle se consume depuis trois mois, ce qui lui a été bien plus cruel que cette agonie même. Voilà les terribles circonstances qui rendent les motifs de sa réticence trop vraisemblables. La mesure de ses remords, causés non point par les crimes qu'elle a commis, mais par le mal qu'elle a innocemment fait, est à son comble. Le fardeau lui en semble intolérable. Son ame généreuse, mais oppressée sous ce poids fatal, s'indigne de l'idée

E

seule de créer encore des malheurs pour une personne de plus, pour une personne envers qui elle peut être liée par des devoirs ou des sentimens, pour une personne dont la bonne foi lui est démontrée. *Il y a autour de moi*, s'est-elle écriée, *assez de malheureux qui le sont par ma faute.* Non, citoyens jurés, ce cri n'est pas celui de la fausseté ; il est le cri du cœur : les vôtres y ont répondu ; et vous êtes convaincus de la vérité de ses motifs.

SECONDE PARTIE

DU PLAIDOYER DU C.ᴮᴺ BELLART,

Pour Adélaïde de Cicé.

CITOYENS JUGES et CITOYENS JURÉS,

Hier j'ai parcouru la plus grande partie de la douloureuse carrière que je devais remplir.

J'ai d'abord isolé de cette cause tous les faits étrangers au procès.

Je vous ai prouvé que ce fait de la correspondance avec des émigrés, qui, vu dans le lointain et en abstraction, prenait une sorte de consistance, aboutissait en réalité à un commerce innocent de lettres avec ses frères et son neveu. Et peut-être, vous parlant de ses frères, ne devais-je pas omettre de vous dire qu'à l'instant même où cette correspondance se tenait, Jérôme de Cicé, ci-devant archevêque de Bordeaux, du fond de sa retraite, rendait hommage aux lois de son pays, et adressait aux fidèles de son ci-devant diocèse un mandement pour déclarer que la promesse de fidélité demandée aux ministres du culte ne contrariait en rien les principes de la foi.

Je vous ai prouvé que d'ailleurs cette correspondance, irréprochable sous tous les rapports, était de plus étrangère à l'accusation relative à la conspiration du 3 nivôse.

Je vous ai fait observer un point d'une extraordinaire importance, le point que le nom même d'Adélaïde de Cicé n'avait pas été prononcé dans les récits de faits antérieurs au 3 nivôse, et que des

E 2

soixante-deux témoins entendus, pas un seul ne l'avait mêlé dans aucun de ces faits.

Je vous ajoutais ensuite qu'en prenant comme avérés tous les griefs de l'acte d'accusation, il n'en résultait autre chose que le fait d'avoir donné asile à un grand coupable, fait qui pourrait devenir la source d'un reproche grave à faire à la moralité, mais non jamais constituer un crime qui appelât la vengeance des lois.

Puis, entrant dans la réfutation des diverses charges par lesquelles on avait essayé d'établir que c'était sciemment qu'elle avait recélé Carbon, je posais en point de fait qu'elle n'avait cru obliger qu'un émigré qui était en mesure d'obtenir sa radiation, mais non pas assez rassuré pour s'exposer aux recherches de la police.

Je commençais par repousser la supposition que Limoelan lui eût parlé à elle-même le 7 nivôse, pour lui recommander Carbon.

Je trouvais la première preuve du fait contraire dans la dénégation même d'Adélaïde de Cicé; car la dénégation des accusés doit faire foi, tant que le contraire n'est pas démontré.

J'en trouvais une seconde dans le silence absolu des soixante-deux témoins, dont aucun ne déposait d'un abouchement de Limoelan avec Adélaïde de Cicé.

Je parlais, à cette occasion, du refus qu'avait fait Adélaïde de Cicé de nommer la personne autre que Limoelan, et qui lui avait recommandé Carbon; et j'expliquais son refus par les malheurs mêmes dont elle avait été la cause innocente autant qu'involontaire, et auxquels elle ne voulait plus désormais ajouter.

J'en étais à ce point de la défense quand l'épuisement des forces et de l'attention de tous ceux qui

ont suivi ce long débat, est venu me faire une loi
de mettre un terme aux fatigues de cette séance.

Je continue la discussion du fait de la recommandation de Carbon, qu'on veut avoir été adressé
à Adélaïde de Cicé par Limoelan directement.

Ce contact de Limoelan et d'Adélaïde de Cicé
résulte, m'a-t-on opposé, de la déclaration même de
Carbon. Carbon a déclaré que Limoelan l'avait conduit à la porte d'une maison, qu'il a su depuis être
celle d'Adélaïde de Cicé; qu'il lui avait dit d'attendre
en le laissant dans la rue; que Limoelan était entré
dans la maison; que peu de temps après il en était
sorti, en annonçant à lui Carbon qu'il allait sortir
trois dames qu'il suivrait; qu'en effet il était sorti
trois personnes dont il s'approcha, et qui le condui-
sirent chez l'accusée Duquesne.

Ainsi, a-t-on ajouté, l'introduction de Limoelan
dans la maison étant, une demi-heure après, suivie
de la recommandation d'Adélaïde de Cicé, il est
impossible de ne pas voir que le second fait est le
produit du premier, et que, de-là, Limoelan a parlé
à Adélaïde de Cicé, qui ne devrait pas le nier.

Elle le nie cependant.

Elle le nie avec force et avec accent.

Elle nie qu'elle ait vu Limoelan ni ce jour-là,
ni même alors de plus d'un an, ni qu'elle ait même
su qu'il était entré dans la maison.

Elle le nie, et elle n'est pas en contradiction avec
Carbon; car Carbon ni personne ne dit qu'il ait vu
Limoelan parler à Adélaïde de Cicé.

Mais il est entré dans la maison.

Cela se peut.

La maison contient sept ou huit ménages; c'est-à-
dire, une population d'une trentaine de personnes.
Est-ce qu'il est hors de vraisemblance et de possibilité que Limoelan, qui cherchait à procurer un

E 3

asile à son complice, se soit adressé dans la même
maison à une autre personne avec laquelle, sans avoir
des rapports plus criminels, il aurait eu des rapports
plus familiers ! est-ce qu'il n'est pas possible qu'il
ait prié cette personne de donner retraite pour quelques jours à un émigré ! est-ce qu'il n'est pas possible que cette personne ait été obligée de refuser
Limoelan, soit que son propre logement ne com-
portât pas l'admission d'un hôte, soit par l'une de
cent autres raisons, toutes faciles à supposer ! est-ce
qu'il n'est pas possible que cette personne, en voyant
Limoelan affligé d'un refus, et pour céder à ses
importunités, ait transmis à Adélaïde de Cicé sa
recommandation, sans lui en nommer l'auteur, pour
ne pas faire de confidences superflues ! Certes,
lorsque la bonté de cœur et l'obligeance d'Adélaïde
de Cicé étaient si universellement connues, que
du fond du faubourg Saint-Marceau on venait les
implorer, est-il si extraordinaire qu'elles aient été
connues d'un habitant de sa propre maison, et qu'il
ait cru facile de l'intéresser à un homme dans l'ad-
versité !

Mais si tout cela est possible, aussi possible que
le fait contraire d'une communication directe entre
Adélaïde de Cicé et Limoelan, par quelle règle de
justice ou d'humanité supposerait-on plutôt le second
que le premier ! Adélaïde de Cicé ne prouve pas le
sien ; accusateurs, vous ne prouvez pas le vôtre. Parce
qu'elle ne prouve pas contre vous, qui ne prouvez
pas contre elle, la condamnera-t-on ! la condamnera-
t-on sur une preuve négative, sur un néant de preuve !
Quel système ! Ah ! puisque dans l'intérieur de cette
maison, dont les portes sont restées fermées, loin de
tous les regards humains, ont pu se passer deux faits
différens, dont l'un accuse et l'autre justifie, entendez
l'humanité, la conscience, la raison, qui vous crient ;

C'est le fait justificatif qu'il faut croire ; repoussez le fait accusateur.

Et pourquoi le repousser, au reste ! pourquoi défendre avec tant de force Adélaïde de Cicé contre la supposition de tout contact avec Limoelan ! Parce que je le dois, citoyens jurés, par respect pour la vérité, qu'il faut vous transmettre pure et sans altération ; parce qu'il n'est pas au pouvoir d'Adélaïde de Cicé de faire que ce qui n'est pas, soit ; parce qu'elle ne peut pas dire qu'elle a vu Limoelan, quand elle ne l'a pas vu. Voilà pourquoi elle nie la communication immédiate, bien qu'il n'y eût nulle nécessité de la nier, si elle eût existé.

Je suppose en effet que Limoelan, cet homme qui avait eu occasion de la voir, il y avait un an, une ou deux fois, se fût avisé de tirer parti de sa bienfaisante simplicité, de cette compassion si universellement connue, qui la portait à se rendre secourable à tous ceux qui souffraient ; je suppose que, s'emparant de cette heureuse idée, il se fût adressé à elle ; qu'il lui eût rappelé qu'il était du même pays qu'elle ; qu'il avait eu l'honneur de la voir plusieurs fois, il y avait dix ou douze mois ; qu'ensuite, passant au sujet de sa visite, il lui eût peint avec quelque chaleur les embarras d'un émigré de ses amis, exposé peut-être à être arrêté, parce qu'il n'était pas encore en règle ; et qu'enfin il eût déterminé Adélaïde de Cicé à donner sa recommandation à cet émigré : quoi donc ! est-ce que cette communication immédiate avec Limoelan, qui l'aurait trompée, la rendrait complice de l'attentat dont se serait souillé l'affreux protégé de Limoelan !

Et comment serait-elle devenue la complice d'un crime dont certes Limoelan n'avait garde de parler à qui que l'on veuille supposer qu'il se soit adressé, et pas plus à Adélaïde de Cicé, pour solliciter sa

E 4

généreuse pitié, qu'à l'intermédiaire qui aurait ensuite transmis à Adélaïde de Cicé son émotion et
son erreur !

Mais quels témoins disent que Limoelan n'a pas
révélé tout à la personne de qui il voulait obtenir
asile pour Carbon !

Et quels témoins disent le contraire !

Et pourquoi donc toujours s'obstiner à vouloir
que tout ce qui n'est pas prouvé pour l'accusé, soit
prouvé contre l'accusé !

Mais vous voulez des témoins; vous en avez d'ir-
récusables.

Ce ne sont pas des hommes : les hommes mentent
souvent au gré de leurs intérêts, de leurs préjugés,
ou de leurs passions.

Les nôtres sont inflexibles et ne mentent jamais :
ce sont *les choses* ; c'est la nécessité qu'un fait soit
comme il doit être.

Pour savoir ce que Limoelan a dit, il faut voir ce
qu'il a été invinciblement entraîné à dire.

Limoelan est coupable; Carbon est coupable : la
police les poursuit ; le premier veut cacher le second.
Il rêve aux moyens de mettre la police en défaut ;
il songe que s'il lui est possible de placer son complice dans un asile respectable, plus la personne qui
le donnera sera au-dessus des soupçons par son caractère, par son éloignement des affaires politiques,
par ses vertus même, mieux le complice sera caché.

Limoelan part de cette idée. Et, je le veux, il
s'adresse à Adélaïde de Cicé. Que va lui dire cet
homme à qui il paraît qu'on accorde quelque esprit !
Personne ne l'a entendu. On en est donc réduit à
conjecturer. Eh bien! donc, qu'a-t-il dû lui dire !
Quoi! que c'était lui qui avait ourdi la conspiration
du 3 nivôse, qu'il a eu une très-grande part dans
cette abominable action; que Carbon est son com-

plice ; que c'est Carbon qui a préparé l'horrible machine, et que c'est cet homme intéressant qu'il propose à Adélaïde de Cicé de couvrir de l'égide de sa
vertu, et de faire recevoir dans un asile que jusque-
là n'avait souillé pas même la pensée du crime !
Quelle absurdité ! Et où était la nécessité de faire
une pareille confidence ! et depuis quand les scélérats
vont-ils publier sur les toits les forfaits qu'ils com-
mettent ! Était-ce là un de ces secrets qu'on pouvait
légèrement confier ! Loin qu'il y eût nécessité de
faire une telle confidence pour obtenir asile à son
cher Carbon, pour obtenir cet asile il y avait nécessité de ne pas la faire. Le vrai moyen de dégoûter
la personne à qui Limoelan s'adressait, de lui accorder
sa demande, était de lui révéler combien il était
dangereux de se laisser approcher par Carbon dans
de telles circonstances : et quiconque n'eût pas reculé
d'horreur comme Adélaïde de Cicé devant une telle
confession, et devant les deux monstres qui, au nom
d'un pareil crime, demandaient l'hospitalité, aurait
reculé d'effroi à la seule pensée de se lier par quelques rapports que ce fût avec des hommes que le
lendemain même la justice, qui était sur leurs traces,
pouvait saisir ainsi que leurs hôtes devenus leurs
confidens.

Limoelan, à qui que ce soit qu'il se soit adressé,
n'a donc fait, n'a pu faire aucune confidence : elle
était superflue ; elle eût manqué son but ; elle eût
été contraire à sa sûreté ; elle eût été contraire à son
intérêt. Aussi voyons-nous que tous les accusés,
c'est-à-dire, M.me Duquesne, M.mes de Gouyon
et M.lle de Cicé, ont tous affirmé, par une déclaration univoque, que Carbon s'était présenté comme
un émigré. Carbon lui-même a dit que Limoelan
lui avait bien recommandé de dire à ses hôtes qu'il
était un émigré ; preuve sans réplique que Limoelan

voulait tromper tout le monde, et que, se fût-il adressé à Adélaïde de Cicé, il n'avait fait à personne d'autre confidence, si ce n'est celle que Carbon était un émigré.

Mais cela même justifie-t-il Adélaïde de Cicé!

Elle aurait donc, dans son propre système, procuré un asile à un émigré!

Ah! je sais trop qu'il fut un temps, d'odieuse mémoire, où il n'en fallait pas tant pour être traîné à l'échafaud.

Mais je sais aussi que nous vivons sous l'empire de la Constitution de l'an 8, sous le consulat de Bonaparte.

Je sais encore qu'un tel délit, n'ayant d'ailleurs rien de commun avec le fait bien autrement grave qui vous occupe, deviendrait, dans l'occasion présente, à peine digne de votre attention.

Elle a procuré asile à un émigré! Pour bien juger ce crime, descendons dans notre propre cœur.

J'ose le demander à votre conscience, citoyens jurés : vous venez d'apprendre, par ce débat, combien il est dangereux quelquefois de céder aux mouvemens de la compassion. Eh bien! si ce soir même, un malheureux, que rien ne vous décélerait comme un coupable, se présentait à vous ; s'il s'y présentait comme un homme persécuté, comme un homme injustement inscrit sur la liste fatale... Je vous entends, éclairés par la funeste expérience de ce procès, peut-être même retenus par votre respect pour les lois, dans cette lutte des principes de la loi et de la prudence contre les insinuations de votre sensibilité, vous seriez des hommes assez sages, des citoyens assez austères pour vouloir que votre cœur se taise en présence des lois. Et certes, il faudrait vous louer de cette obéissance à la discipline. Mais on s'est adressé à une femme, à une femme plus accessible à la pitié que des hommes ; à une femme moins préparée, par son sexe, à cette sèche austérité de morale qui appartient à l'autre sexe ; à une femme qui sait moins raisonner les généreux mouvemens de son cœur ; à une femme, enfin, pour qui n'avait pas encore lui la fatale expérience de tous les risques que l'on pouvait courir, en étant, sans s'en douter, généreuse à contre-temps. Seriez-vous bien assez injustes pour lui faire un crime de cette faiblesse, honorable dans son principe, bien que malheureuse dans ses effets !

Et ensuite, cette femme est Adélaïde de Cicé, qui a contracté une longue habitude de bienfaisance. Vous n'avez pas oublié l'anecdote du pauvre du Luxembourg, que vous a racontée l'une des témoins, qui elle-même avait aidé Adélaïde de Cicé à ramasser ce misérable périssant d'inanition et couvert de haillons, pour le conduire chez elle, pour l'y retenir plusieurs jours, pendant lesquels elle lui a prodigué ses secours, pour le revêtir ensuite et pour l'assister. S'était-elle informée de ce qu'il était ? Non : il était pauvre, et abandonné de tout le monde, voilà tout ce qu'elle avait besoin de savoir ; son cœur ni sa raison n'en exigeaient pas davantage.

Et si vous daignez, après tout cela, citoyens jurés, rapprocher l'espèce du motif par lequel on avait intéressé Adélaïde de Cicé, de sa propre position, vous concevrez bien plus facilement avec quelle énergie il a dû influer sur sa volonté.

C'était un malheureux émigré qu'on lui recommandait. Quelle idée a dû faire naître dans la pensée d'Adélaïde de Cicé, ce mot prononcé devant elle. Hélas ! a-t-elle dû se dire, mes trois frères, ma sœur, ma belle-sœur, mon neveu et toute sa famille sont bannis aussi. Peut-être à cet instant, entraînés par d'autres circonstances, sont-ils aussi condamnés à fuir et à mendier un asile. Comme je bénirais l'homme bon et compatissant qui les accueillerait dans leur malheur! comme il me serait pénible d'apprendre qu'ils n'ont trouvé que des cœurs impitoyables! Non, le mien ne le sera pas pour une infortune pareille à la leur : je traiterai ce malheureux pour lequel on m'implore, comme je voudrais que par-tout on traitât ma triste famille.

Descendez encore dans votre conscience, citoyens jurés; écoutez son murmure, et prononcez.

Mais, objecte-t-on, il y avait peu de temps que le crime du 3 nivôse était commis; Adélaïde de Cicé devait concevoir sur l'homme qu'on lui recommandait, le soupçon qu'il pouvait être l'un des auteurs de ce crime.

Non, elle ne pouvait pas concevoir un tel soupçon.

Il faut d'abord convenir que, depuis quelques années, trop d'hommes ont été forcés de se cacher, qui n'étaient pas des scélérats, pour que, pliés à l'habitude de rencontrer sur nos pas d'innocens fugitifs, nous devions être sans cesse menés à conjecturer que ceux qui fuient sont coupables.

Ensuite ce soupçon, s'il eût germé dans la pensée d'Adélaïde de Cicé, n'aurait pas tardé à disparaître devant le caractère de la personne qui lui recommandait l'émigré.

Il eût disparu encore, et nécessairement, devant la recommandation de Limoelan lui-même, quand on voudrait s'obstiner à croire que Limoelan a vu Adélaïde de Cicé.

Vous n'avez pas oublié, citoyens jurés, la première opinion répandue sur les auteurs du crime du 3 nivôse, opinion habilement semée peut-être par les vrais coupables : cette opinion attribuait le forfait aux jacobins; et l'action et ses moyens étaient en effet dignes d'eux; tout le monde s'y était trompé;

le Gouvernement lui-même l'avait proclamé; tous les esprits étaient imbus de cette idée.

Eh bien ! au milieu du torrent de cette opinion qui entraînait tout le monde, et Adélaïde de Cicé comme les autres, eût-elle pu supposer un instant qu'un chouan amnistié, qu'un royaliste, que Limoelan enfin se fût intéressé au sort du coupable, c'est-à-dire, au sort d'un homme appartenant à un parti si contraire au sien propre !

Loin donc que l'intervention de Limoelan eût dû inspirer un soupçon pareil à celui dont on prétend qu'Adélaïde de Cicé aurait dû être frappée, cette intervention n'était propre qu'à l'empêcher de naître, puisqu'il était difficile de concevoir que Limoelan protégeât un jacobin.

D'ailleurs, sans doute l'attention des magistrats préposés à la sûreté publique était incessamment dirigée vers l'idée de ce crime et le desir d'en découvrir les auteurs ; mais il n'en était pas ainsi des particuliers. Les particuliers avaient partagé avec les magistrats la première impression; ils continuaient de partager avec les magistrats l'horreur profonde qu'avait inspirée cet affreux événement. Mais le premier moment de stupeur passé, et ce moment n'est pas de longue durée dans le caractère national, l'attention s'était laissé distraire.

Ajoutez qu'il y avait une manière si naturelle d'expliquer l'embarras de Carbon en le croyant émigré, qu'elle ne devait pas aller chercher au loin de terribles suppositions, lorsque tout près s'en trouvaient de fort innocentes. On n'ignorait pas que le crime du 3 nivôse avait imprimé, avait dû imprimer un grand mouvement à la surveillance de la police. Ainsi, par suite de cet événement, des hommes fort étrangers à l'événement même étaient exposés à être inquiétés. En cherchant les coupables, la police, comme c'était son devoir, scrutait tout le monde : ceux qui étaient dans le cas où paraissait être Carbon, innocens du crime, mais, faute des papiers nécessaires, ne pouvant pas toutefois braver les regards de la police, étaient obligés de se placer à l'écart. La conduite de Carbon s'expliquait donc d'elle-même, et avec une telle simplicité, qu'il aurait fallu une imagination bien sombre pour empoisonner ou même démentir les apparences dont il était environné.

Concluons qu'il est impossible de se refuser à l'irrésistible démonstration, qu'Adélaïde de Cicé avait été la première abusée par la fable de la qualité d'émigré donnée à Carbon. Les vraisemblances indiquent qu'on l'a trompée : ainsi le voulait l'intérêt et de Carbon et de Limoelan; ainsi le prouvent et le caractère et l'intérêt d'Adélaïde de Cicé, qui pouvait bien, sans déroger à ses principes et compromettre sa position, assister un être malheureux et insignifiant, mais qui, quand ce n'eût été par horreur et par devoir, du moins par égoïsme et par calcul personnel, aurait reculé d'effroi devant la proposition de donner retraite à un monstrueux criminel qu'elle n'avait jamais vu, et qui, pour prix de l'hospitalité qu'il avait reçue d'elle, pouvait l'entraîner dans le plus odieux de tous les procès.

Il est très-difficile de croire, a dit le commissaire du Gouvernement, que les mesures n'aient pas été prises d'avance pour préparer un asile à Carbon.

Cette assertion m'a étonné.

Vous avez, citoyens jurés, religieusement recueilli tous les détails du débat; j'ose dire qu'ils vous auront laissé une impression toute contraire. Vous avez sur-tout remarqué qu'avant d'aller rue Notre-Dame-des-Champs, où il logea, Carbon fut conduit, suivant lui, par Limoelan, rue Cassette. Il était huit heures du soir, et il faisait un temps affreux.

À présent, si tout était prévu et préparé, si d'avance il avait été convenu que l'accusée Duquesne donnerait asile à Carbon, pourquoi donc, à cette heure et par le temps qu'il faisait, ce détour et cette course inutiles, lorsqu'il était si simple, puisque tout était arrangé, d'aller directement par le plus court chemin, et sans exposer sur-tout à plus de regards un homme qu'il importait tant de dérober à tous les yeux ! Il est évident que, si on a pris un détour dans des circonstances si critiques, c'est qu'on ne savait où aller ; et qu'on ne savait où aller, parce qu'on n'était convenu de rien avec personne.

Mais M.me Gouyon et ses deux filles, qui se trouvent là si à propos pour conduire Carbon, est-ce aussi un hasard !

Nécessairement ; car d'abord, si on était convenu d'avance de l'asile, Carbon y aurait été sans introducteurs et directement.

Ensuite, et si on avait cru devoir lui donner un guide, on se serait bien gardé de lui en donner trois ; et la mère seule aurait suffi. La mère suffisait ! quelle nécessité donc d'appeler les deux filles ! pourquoi ces deux confidentes de plus d'un crime dont la révélation était si à craindre ! pourquoi enfin courir le danger de l'indiscrétion de deux témoins que nul motif n'engageait à se donner ! Ce nombre seul a tout dit ; et puisque M.mes de Gouyon étaient trois, lorsque c'en était assez, et même déjà trop, d'une, loin que leur apparition prouve contre le hasard, elle prouve pour lui.

Une autre circonstance, également constatée par le débat, achève de démontrer que rien n'était prévu, que rien n'était préparé. Carbon est mené par M.mes de Gouyon chez l'accusée Duquesne. Il arrive à cet asile qu'on lui a préparé, dit-on. Il y est donc attendu ; sa chambre doit donc être prête. Quant à

lui, il n'a rien autre chose à faire que d'entrer bien
vîte dans cette retraite qu'on lui a ménagée, et là,
de disparaître à tous les regards.

Il arrive. M.mes de Gouyon s'empressent de
transmettre à M.me Duquesne la recommandation
de M.lle de Cicé. Tout est préparé; et il n'y a ni
chambre logeable, ni lit dressé. Tout est préparé:
et l'accusée Duquesne ne peut le recevoir ce soir-
là; en sorte que, sans la pitié de M.me de Gouyon,
qui, touchée du temps affreux qu'il faisait, se dé-
termina à lui faire dresser, pour cette nuit, un lit
dans son antichambre, Carbon, cet homme qu'on
attendait et dont on avait d'avance préparé la retraite,
eût été obligé de coucher dans la rue.

Je le demande à votre conscience et à votre raison,
n'est-il pas démontré que Carbon n'était pas attendu;
qu'on ne lui avait pas préparé d'asile à l'avance; et
qu'ainsi, quand Adélaïde de Cicé a dit qu'elle
n'avait jamais entendu parler de Carbon avant le
jour où il fut conduit par les accusées de Gouyon
chez l'accusée Duquesne, elle a dit la vérité sur ce
point comme sur tous les autres!

Un autre grief s'élève contre Adélaïde de Cicé.
Elle a remis, dit-on, à Carbon, une lettre qu'on
assure être de Limoëlan: elle était donc dans la confidence de ce dernier, et elle savait quel crime avait
commis Carbon.

Ce serait encore là une bien bizarre manière de
raisonner! je la passe en cet instant.

Vous avez entendu, citoyens jurés, la déclaration
d'Adélaïde de Cicé sur ce point; jamais elle n'a varié:
toujours elle a formellement assuré qu'elle n'a pas
remis de lettre à Carbon; Carbon a dit le contraire.
Ce sera à vous de décider qui mérite le plus de confiance de Carbon ou d'Adélaïde de Cicé. Ce sera à
vous de voir s'il n'importait pas à Carbon de ne

pas

pas détourner l'attention de quelque personne qui lui fût plus chère.

Mais je supposerai encore tout sur ce dernier grief, et j'admets qu'Adélaïde de Cicé a remis cette lettre à Carbon ; qu'en induire !

Rappelez-vous quel était le jour sous lequel Adélaïde de Cicé voyait Carbon ; daignez-vous rappeler que ce n'était pas un monstre de scélératesse qu'elle croyait avoir obligé, mais un émigré.

Dès-là n'eût-il pas été bien possible qu'après l'avoir déterminée à procurer à Carbon un asile par déférence pour la personne qui le lui avait recommandé, on se fût encore servi de l'erreur même dans laquelle on l'avait mise, et de sa bonne-foi continuellement trompée, pour faire parvenir une lettre à ce même Carbon ! et faudrait-il en tirer la conséquence qu'elle connaissait Carbon et son crime ! non, sans doute. En remettant la lettre, elle eût obéi au même esprit qui l'avait dirigée quand elle procurait l'asile : elle eût agi dans le cercle de la même erreur, et l'asile donné et la lettre remise ne feraient pas deux griefs s'aggravant mutuellement ; ils n'en feraient qu'un seul expliqué par les mêmes circonstances.

Vous verrez, au reste, cette lettre, citoyens jurés : un premier point vous frappera à son inspection matérielle ; c'est qu'elle était *cachetée*. Quelle qu'ait été donc la main chargée de la remettre, le porteur de la lettre n'était pas dans la confidence.

En voulez-vous une preuve plus forte ! le contenu même de la lettre vous le fournira. Vous y verrez que l'écrivain recommande à Carbon, avec beaucoup d'instance, *de ne se fier qu'à lui SEUL*. Mais si Limoelan écrivait à Carbon de ne se fier qu'à lui et qu'à *lui seul*, il n'avait donc pas de confident. Si le porteur l'eût été, Limoelan n'eût pas manqué de dire

F

à Carbon : Ne vous fiez qu'à moi et à la personne
qui vous remettra ma lettre. Il lui dit le contraire ;
il ne croit même pas avoir assez fait en donnant d'a-
bord cet avis à Carbon ; il y revient bientôt avec
inquiétude, et il donne plus de force à son idée, en
ajoutant : *Ne vous fiez pas même à vos amis, NI AUX
MIENS.* Ni aux siens ! Mais l'écrivain attestait donc
lui-même, et certes un pareil témoignage n'est pas
suspect, que personne n'était dans sa confidence ;
qu'il tremblait que Carbon ne commît une indiscrétion ; qu'il recommandait à Carbon d'user des plus
grandes précautions pour n'être pas démasqué par
celles dont l'humanité l'assistait ; oh ! sans doute,
citoyens jurés, de toutes ces femmes faibles et cré-
dules, mais de toutes ces femmes vertueuses ; de toutes
ces femmes mues par la compassion, mais de toutes
ces femmes ennemies du crime, qui croyaient
n'avoir obligé qu'un malheureux, et qui étaient
loin de soupçonner d'avoir près d'elle un si grand
coupable.

J'en ai dit assez sur ce grief : je passe au dernier
de tous.

Dans le secrétaire d'Adélaïde de Cicé, on a trouvé
un sac qui pouvait contenir, si je ne me trompe,
120 à 125ᶠ ; la quotité est indifférente. Cette quotité,
au reste, est peu éloignée de celle que j'articule. Ce
sac était étiqueté d'un papier portant ces mots : *Bourse
de ces messieurs.*

Une imagination ombrageuse s'est saisie de cette
étiquette ; et comme la même imagination, apparemment, venait tout-à-l'heure de convertir cette
maxime de dévotion, *Vaincre ou mourir*, en signe de
ralliement, il ne lui en a pas coûté davantage de lire
dans cette étiquette, *Bourse de ces messieurs*, bourse
des *chouans ;* et du sac de 120ᶠ ; elle en a fait le trésor
des chouans.

Il faut avouer que le trésor n'était pas en état de payer beaucoup de crimes.

Il faut avouer aussi, que le sombre traducteur de cette fatale étiquette n'était pas trop difficile sur les suppositions.

Si pourtant, au lieu de fixer la vue exclusivement sur ce trésor de 120f, sans chercher à se rien expliquer, il eût daigné promener ses regards sur les objets environnant le trésor, il aurait aperçu autour de ce trésor de 120f, treize ou quatorze autres trésors pareils, c'est-à-dire, treize ou quatorze autres petits paquets d'argent, ainsi que cela est constaté par le procès-verbal de perquisition, formant entre eux tous une somme de 1800f, et portant chacun une suscription différente. Celui-ci était étiqueté : *Argent des pauvres* ; il était destiné aux aumônes courantes : celui-là était étiqueté, *Mon argent* ; il appartenait à Adélaïde de Cicé. L'un portait en note, *Argent d'un tel* ; c'était le produit d'une quête, destiné à un pauvre père de famille : l'autre portait, *Argent de Marie-Anne Dolson* ; c'était une petite somme appartenant à une pauvre femme malade dans un hospice, qu'Adélaïde de Cicé y soignait, et qui, en partant pour s'y rendre, avait voulu qu'Adélaïde de Cicé restât dépositaire de son petit pécule.

On conviendra que, pour un observateur un peu attentif, cette étiquette, *Bourse de ces messieurs*, cessait d'être bien alarmante, lorsqu'elle se trouvait au milieu de tant d'autres étiquettes paisibles et pieuses. Aussi la bourse de ces messieurs, loin d'être le trésor des brigands, des chouans et des assassins, n'était-elle que le résultat d'une collecte faite pour deux prêtres qui distribuent aux pauvres de la Salpêtrière des secours temporels et spirituels. Cette bourse garnie avec assez de modestie par la charité des catholiques, servait donc aux aumônes et aux frais du

F 2

culte de la Salpêtrière, où Adélaïde de Cicé va souvent elle-même porter aux infirmes l'hommage de ses
soins et de ses consolations.

Les deux prêtres même, objets de cette collecte,
ont paru devant vous; d'autres témoins, dont quelques-
uns ont contribué à remplir la bourse, ont également
été entendus : tous, ils se sont accordés à confirmer ce qui avait été déclaré par Adélaïde de Cicé. Le
fait est donc suffisamment éclairci; y insister plus
long-temps, ce serait, je le craindrais, insulter à
votre raison.

Cette inculpation, au reste, était d'autant plus
absurde, qu'aucun indice, même léger, n'est venu la
fortifier.

Adélaïde de Cicé ne voyait aucun chouan.

Elle en eût vu, que certes elle ne serait pas plus
criminelle. Et où en serions-nous donc de la révolution, si ces odieuses dénominations, que le Gouvernement a porté tous les esprits, autant qu'il l'a
pu, à oublier, pour se confondre sous une même
bannière, dans une inviolable et réelle fraternité,
partageaient encore, d'une manière tranchante, tous
les citoyens ; en sorte qu'il ne fût pas permis de se
rapprocher de ceux qui jadis les ont portées, et qui
sont revenus de bonne foi au sein maternel de la
commune patrie, sous peine d'être traité comme
leur complice, à l'instant où un homme de leur
parti commettrait un crime !

Adélaïde de Cicé en eût donc pu voir fort innocemment ; elle eût pu avoir quelques rapproche-
mens avec des hommes de son pays. Mais elle vit
dans la retraite. Ce qui aurait pu arriver, n'est pas
arrivé : elle n'en a vu aucun.

Tous ses papiers, même les plus secrets, même
ceux qui traitent des affaires de sa conscience et de
sa religion, ont été saisis : il ne s'y est pas trouvé

une lettre d'un chouan, pas même ; dans aucun, le nom d'un chouan.

Soixante-deux témoins ont été entendus : pas un n'a déclaré ni qu'Adélaïde de Cicé tînt à ce parti, ni qu'elle en vît les chefs ou les défenseurs.

Dans cette absence totale de preuves sur chacun des faits qui constituent l'accusation dirigée contre Adélaïde de Cicé, il n'était pas besoin, sans doute, que la plus respectable moralité vînt repousser jusqu'au soupçon.

Mais j'ai dû vous rendre compte de la conduite d'Adélaïde de Cicé dans les différentes époques de sa vie ; et vous avez vu qu'elle cultiva constamment la vertu ; et c'est parce qu'elle l'aima toujours, qu'elle se trouve impliquée dans ce cruel procès. Il fallait aux monstres qui ont abusé de sa simplicité et de sa bienfaisance, une retraite qu'ils crussent impénétrable pour la justice humaine. Ils ont bien senti que plus le voile sous lequel ils se cacheraient serait respectable, et moins on serait mené à l'idée de soupçonner qu'il les couvrît. Il leur fallait une innocente complice, qui, par son amour de l'ordre, par ses pratiques habituelles de ce qu'il y a de bon et d'utile, par l'ensemble touchant des qualités les plus estimables, fît en quelque sorte baisser les yeux à la police elle-même. Cette vertueuse complice, ils se la sont procurée à force de ruses et d'impostures de leur part, à force de bienfaisance, de compassion et de bonne opinion d'autrui, de la part d'Adélaïde de Cicé. Ils ont indignement trompé la vertu, et la vertu déçue a tendu la main au crime, croyant la tendre au malheur.

Mais la vertu, parce qu'elle a été le jouet de la malignité ou de sa propre erreur, n'en est pas moins la vertu. Celle d'Adélaïde de Cicé fut sans tache ;

F 3

le vengeur public lui-même, malgré la sévérité de
son ministère, n'a pu s'empêcher d'y rendre hommage : seulement il a dit qu'il n'était pas sans exemple
qu'une vertu religieuse dégénérât en fanatisme propre aux plus grands excès, ou ne cachât une basse
hypocrisie capable, dans le silence, de préparer des
crimes.

Pourrait-il donc être nécessaire que je combat-
tisse l'une ou l'autre de ces avilissantes suppositions !

Adélaïde de Cicé une fanatique !

Il suffit, citoyens jurés, de sa contenance dans
cette affaire, pour détruire jusqu'au germe de cette
idée.

Un fanatique, lorsque par principe religieux il
a commis un grand crime, ne s'en cache pas, ne
le désavoue pas ; il s'en glorifie. C'est ce que nous
attestent les fastes de l'histoire.

Quand Jacques Clément et Ravaillac venaient de
frapper le chef d'un grand peuple, quand Charlotte
Corday, entraînée par un fanatisme d'un autre ordre,
venait de faire couler le sang d'un homme dont le
nom rappelle l'idée de la cruauté en délire, tous
ils bravaient tous les regards, et demandaient la mort
comme un honneur ou une récompense. Les fanatiques religieux s'écriaient : « C'est moi, moi le
» meurtrier du tyran ; je l'ai immolé à mon Dieu.
» Apprêtez vos tortures, faites paraître vos bour-
» reaux ; il me tarde de cueillir la palme immortelle
» du martyre ; il me tarde d'aller goûter les fruits
» de ma glorieuse action, dans le sein de celui qui
» me l'a inspirée. »

Voilà le langage des fanatiques. Est-ce celui
d'Adélaïde de Cicé ! Elle se défend avec horreur de
l'idée qu'elle ait, non point participé, mais même
applaudi au crime. Si elle eût pris quelque part à
ce crime odieux par une horrible exagération des

idées religieuses, elle s'en ferait honneur, ou elle ne
serait pas conséquente à son fanatisme.

Mais n'est-elle pas, du moins, une hypocrite ?

Je n'ignore pas, citoyens jurés, que, dans ces
derniers temps, nous avons vu quelques hommes
que jadis on soupçonnait peu de piété, devenir
tout-à-coup politiquement dévots. L'on a pu, pour
quelques-uns, être tenté de croire qu'il y avait dans
leur équivoque conversion à une religion qui, pour
ainsi dire, avait cessé d'exister, moins d'amour pour
cette religion, que de haine pour la révolution qui
avait menacé de l'anéantir. Mais observez bien la
conduite de ces dévots posthumes, ils se démas-
quent eux-mêmes par la discordance qu'ils laissent
régner entre leurs maximes et leurs actions : de fas-
tueuses génuflexions dans les temples ; dans leurs
maisons, l'égoïsme et l'orgueil : au pied des autels,
la cendre, la haire, et les sanglots de pénitence ;
tous les plaisirs et toutes les voluptés dans leurs
délicieuses retraites.

Voilà les hypocrites.

Mais Adélaïde de Cicé !

Était-elle une hypocrite, quand, à l'âge de vingt-
un ans, entourée de tous les genres de séduction,
elle résistait à la voix enchanteresse des plaisirs, pour
aller dans les plus dégoûtans réceptacles de l'indigence, porter à ceux qu'on y voyait languir, et
des secours et sa fortune qu'elle leur prodiguait, et
ses soins les plus empressés, et ses précieuses consolations. Pourquoi eût-elle été hypocrite alors ! et
contre qui se préparait-elle à conspirer, il y a trente
ans !

Était-ce une hypocrite, lorsque, s'imposant au
nom de la religion toutes les privations des cloîtres,
elle restait néanmoins dans le monde, non pour s'y

F 4

livrer à ses plaisirs; mais pour y trouver plus d'oc-
casions de faire du bien; lorsque, loin des monas-
tères dont elle suivait les règles sans s'y affilier, elle
ne donnait pas même pour aliment à sa piété noble
et désintéressée, l'ambition des dignités ecclésiastiques, qu'il lui eût été si facile d'obtenir!

Était-ce une hypocrite, quand elle allait placer
son lit près de celui de sa femme de chambre malade;
lorsque, donnant l'exemple de cette égalité chrétienne, qui n'est pas si loin qu'on le croit de l'égalité
philosophique, elle rendait à cette femme, devenue
sa semblable par ses maux, des services qui, aux
yeux des préjugés d'alors, devaient paraître bien
ridicules!

Était-ce une hypocrite, quand, jusqu'à la révolution, elle se condamnait à vivre pauvrement, avec
sa femme-de-chambre, dans un c   ent à 600 liv.
de pension par an, pour assis'   ndividus du
reste de sa fortune!

Était-ce une hypocrite, qui ramassait au Luxembourg un pauvre tout couvert de vermine et de haillons; qui accueillait avec une fraternité si touchante,
cette bonne femme du faubourg Saint-Marceau
que, pendant plus de deux mois, elle allait panser
chez elle de ses propres mains; qui prodiguait les
soins les plus patiens et les plus délicats à ce portier
couvert de clous, qu'avaient fui les médecins eux-
mêmes!

Était-ce une hypocrite enfin, et obéissait-elle au
fanatisme politique, quand elle envoyait des secours
à un défenseur de la patrie, à un conscrit, comme
sa mère et sa sœur l'ont hier déposé!

Non, Adélaïde de Cicé n'est pas une hypocrite:
c'est une femme vraiment religieuse; c'est une femme
qui aurait fait adorer le christianisme par tout le

monde, si tous ceux qui le pratiquent avaient su
l'honorer comme elle.

Ici se termine, citoyens jurés, la défense que
j'ai dû vous présenter. Et qu'il me soit permis de le
dire du fond de ma conscience : si quelque chose a
pu me paraître surprenant dans cette affaire, c'est
qu'au milieu de ce soulèvement de témoignages incorruptibles, et d'innombrables vraisemblances qui,
de toutes parts, sortaient de la vie entière d'Adélaïde
de Cicé pour proclamer son innocence, j'aie eu
besoin de la défendre. Pour qu'elle n'ait point été
enlevée, même au soupçon, par cette escorte de
vertus qui ne l'ont jamais quittée, il a fallu et toute
l'horreur qu'a laissée après lui un attentat qui me-
naçait la patrie entière, et toute la compassion qu'ont
inspirée ces touchantes victimes sur lesquelles, dans
ce moment, tombent encore mes regards.

Ah ! sans doute, qu'elles soient vengées ! Quel
est l'homme sans entrailles qui, en les voyant, pourrait ne pas exprimer ce vœu !

Mais c'est au nom de ces déplorables victimes
même, dont aucune, je les en atteste toutes, n'élè-
vera la voix pour me démentir, que je vous dirai :
Vengez-les avec le sang des coupables ; mais ce ne
serait pas pour elles une vengeance, hélas ! ce serait,
au contraire, un nouveau malheur, un sujet de deuil
de plus, si, à leur occasion, dans le sang des coupables se confondait le sang des innocens.

Le crime du 3 nivôse a fait des orphelins ; rendez
à la société celle qui, pendant trente années entières,
fut la mère de tous les orphelins.

Ce crime a fait des veuves ; rendez à la société
celle par qui les veuves furent secourues et consolées.

Ce crime a fait des pauvres ; rendez à la société
celle par qui il n'y aurait plus un seul pauvre, si
cela eût été en sa puissance.

Ce crime a fait des blessés ; rendez à la société celle à qui tant d'infirmes et de blessés ont dû leur soulagement.

Ce crime enfin a frappé même un de nos frères d'armes ; rendez à la société celle qui, dans son universelle charité, sut quelquefois faire arriver d'utiles secours jusqu'à nos défenseurs.

J'ai fait serment, jurés, de défendre Adélaïde de Cicé en respectant la vérité : je le jure de nouveau ; j'ai rempli mon devoir.

Vous avez fait serment de n'écouter aucune prévention et d'absoudre l'innocence ; vous remplirez le vôtre.

———————————

PLAIDOYER

DU

C.^{EN} LARRIEU,

Défenseur officieux de la veuve Gouyon - Beaufort
et de ses filles.

CITOYENS JUGES, CITOYENS JURÉS,

Si j'en crois l'émotion que je ressens encore, quelle impression vient de subjuguer tous les cœurs! quel spectacle touchant offre en ce jour le sanctuaire de la justice!

Il peut exister d'un côté des coupables, mais de l'autre l'accusation est une sorte de triomphe. Celui qui règle les destinées humaines, en laissant accuser Adélaïde de Cicé, semble, par une sorte de violence faite à la vertu qui se cache, avoir voulu la montrer à tous les regards.

Que dirai-je, et que me reste-t-il à dire à moi chargé de défendre une amie d'Adélaïde de Cicé ! Ce titre seul n'est-il pas le plus sûr préservatif contre toute possibilité du crime !

La veuve Gouyon - Beaufort et ses deux enfans assis à côté d'Adélaïde de Cicé, sont ici par elle ; elles sont donc innocentes comme elle.

Ne nous étonnons pas, citoyens jurés, des soupçons dont tant d'intéressantes victimes sont frappées

dans un moment où le chef de l'État a failli périr ;
et quel chef ! On a fait et dû faire les plus scrupu-
leuses recherches ; le plus léger vestige, le moindre
indice, tout devenait précieux, puisqu'il s'agissait
du salut public. Lorsque dans de telles circonstances,
dans des circonstances aussi graves, on est injustement soupçonné, le premier devoir est d'oublier la
plainte et le murmure, de pardonner l'erreur à la
puissance du motif, et de ne voir dans l'obligation
de se justifier que l'occasion de témoigner hautement
toute son horreur d'un complot exécrable.

Telle est, citoyens jurés, la position dans laquelle
se trouvent la veuve Gouyon-Beaufort et ses deux
filles, dont je suis en ce moment l'organe : certaines
que vous n'aurez à leur égard d'autre pouvoir, d'autre
besoin que celui de les absoudre, elles semblent n'être
placées en votre présence que pour témoigner pu-
bliquement l'effroi qu'elles ont elles-mêmes ressenti
du complot vraiment infernal tramé contre la vie du
premier Consul. Le malheur qu'elles éprouvent d'être
soupçonnées d'y avoir participé, comparé à l'idée
de sa perte, n'a plus rien qui les afflige : voilà le
sentiment qui domine leur ame toute entière ; voilà
les accusées dont j'embrasse la défense. Ah ! loin de
mériter par aucune association au plus épouvantable
des attentats, la haine universelle et le supplice,
elles ont droit, je ne crains pas de le dire, à l'estime
et à l'intérêt que commandent une vie sans reproche
et une longue suite d'infortunes.

J'ouvre l'acte d'accusation, et j'y lis que les raisons d'accuser la veuve Gouyon-Beaufort et ses enfans d'avoir pris part au complot du 3 nivôse, sont
que « récemment arrivées d'Angleterre, elles ont
» apporté à Adélaïde de Cicé une lettre du ci-devant
» archevêque de Bordeaux, son frère ; qu'*ultérieure-*
» *ment au 3 nivôse*, elles ont conduit Carbon dans

» la maison rue Notre-Dame-des-Champs, et lui
» ont donné asile pendant la nuit du 7 nivôse. »

Un préliminaire indispensable, citoyens jurés, est
d'écarter de la veuve Gouyon-Beaufort le rapprochement que l'on fait de son retour de Londres avec
l'événement du 3 nivôse. Ce point éclairci, elle est
déjà entièrement disculpée; déjà il est démontré à
l'avance pour vous, citoyens jurés, et pour tous ceux
qui m'entendent, combien elle est étrangère à l'attentat du 3 nivôse et à ses infames auteurs.

Fidèle à la promesse de n'employer que la vérité
pour la défense de l'accusée, ce que je vais dire sur
la vie politique de la veuve Gouyon-Beaufort, je l'ap-
puierai sur des pièces probantes et authentiques.

A l'époque désastreuse des premières fureurs qui
ravagèrent les départemens de l'ouest, la veuve
Gouyon-Beaufort habitait à Saint-Servan, deux lieues
près de Saint-Malo, dans son domaine de Beaufort.
A cette époque, où, le fer et la flamme à la main,
la licence la plus effrenée, sous le nom de liberté,
criait en tous lieux, *Paix aux chaumières, guerre aux
châteaux !* la veuve Gouyon-Beaufort fut obligée de
quitter son domaine, et de se réfugier dans la commune de Saint-Malo.

Le conseil général de cette commune, citoyens
jurés, le 19 juillet 1792, prit une mesure de salut
public bien digne de ce temps, et, par un arrêté ex-
près, s'arrogea de chasser de son territoire tous ceux
qui n'y habitaient pas depuis quatre années.

En exécution de cet arrêté barbare, la veuve
Gouyon-Beaufort fut jetée hors de France, avec un
permis de s'embarquer elle et ses enfans pour Jersey.
*Je rapporte, citoyens jurés, l'arrêté du conseil-général
de la commune de Saint-Malo, ensemble le permis d'embarquer, en expéditions conformes, qui m'ont été délivrées
par le ministre de la justice.*

Une loi ultérieure ayant autorisé, ayant au moins donné l'assurance que les individus âgés de moins de quatorze ans pouvaient avec sûreté rentrer en France, le père de cette malheureuse famille s'empressa de déclarer à la municipalité de Saint-Malo, le 2 décembre 1792, qu'il entendait faire rentrer sur le sol de la République quatre de ses enfans qui, étant âgés de moins de quatorze ans, se trouvaient compris dans les termes de la loi. Leur mère, citoyens jurés, les renvoya effectivement, et le père a fait constater leur rentrée sur les registres municipaux, par une déclaration du 9 décembre 1792. *Je rapporte également ces deux déclarations en expéditions certifiées du ministre de la justice.*

La veuve Gouyon-Beaufort restait à Jersey, dans l'espérance de voir bientôt cesser l'effet de l'acte arbitraire qui la tenait éloignée de son pays : mais elle fut, au contraire, et l'on s'en doute aisément, elle fut inscrite sur la liste des émigrés, et touchait, citoyens jurés, à l'époque de ses plus douloureuses afflictions.

Un gendre et son mari qui avaient résisté à la proscription lancée par les révolutionnaires de Saint-Malo, furent réservés aux boucheries de Robespierre, et successivement massacrés avant sa chute.

Devenue veuve par ces horribles degrés, la veuve Beaufort est passée de Jersey à Londres, sans autre ressource que les consolations de ses filles, leurs larmes mutuelles et le désespoir d'une perte désormais irréparable. Telles sont, citoyens jurés, les circonstances de son passage à Londres.

Enfin, peu à peu se développèrent les règles de l'éternelle justice, qui tôt ou tard reprend ses droits. Les personnes qui n'étaient pas véritablement émigrées, obtinrent de la loi le pouvoir de réclamer. Que fit alors la veuve Gouyon-Beaufort ! elle transmit aussi une pétition aux autorités compétentes ; les principaux habitans de Saint - Malo se pressèrent à l'envi de l'appuyer, et dans une déclaration unanime. Dans cette déclaration ils attestèrent qu'elle avait été contrainte de sortir de son pays par un ordre arbitraire et tyrannique. *Je rapporte encore cette pétition et la déclaration des principaux habitans de Saint - Malo, également en forme.*

Le département d'Ille-et-Vilaine, citoyens jurés, a pris, le 10 brumaire an 5., un arrêté dont la lecture achevera de vous convaincre de la vérité des faits que je viens d'avancer.

« Vu la pétition ci-contre, et les pièces jointes,

» L'administration centrale d'Ille - et - Vilaine, » après avoir entendu le commissaire du Directoire » exécutif ;

» Considérant que l'arrêté de l'administration » municipale de Saint-Malo, du 19 juillet 1792, » était une mesure en quelque sorte équivalente à » celle de la déportation ;

» Qu'il aurait pu être dangereux aux personnes » qui s'étaient réfugiées en cette ville pour se » soustraire aux excès et aux fureurs des rassem- » blemens armés qui, en 1790 et 1791, avaient » parcouru la campagne de la ci-devant province » de Bretagne, et incendié plusieurs maisons, de » retourner dans leur ancien domicile, où il n'exis- » tait plus de sûreté pour elles ;

» Que la crainte de trouver la mort dans leurs pre- » miers foyers, a pu légitimer leur sortie de France ;

» Que la municipalité de Saint - Malo le jugea » elle-même, et l'a certifié, en accordant, le 25 du » mois de juillet, à Louise Gouyon veuve Gouyon- » Beaufort et à ses enfans, un permis d'embarquer » pour passer à Jersey ;

» Considérant que les délais fixés par la loi du
» 8 avril précédent, pour ceux qui antérieurement
» avaient quitté le territoire français, étaient expirés ;
» que, d'après cette loi, qui réputait émigrés les
» citoyens sortis antérieurement et non rentrés, et
» ceux qui sortiraient par la suite sans permission,
» la municipalité de Saint - Malo n'aurait pas dû
» autoriser l'embarquement de la famille Gouyon ;
» que cette famille eût pu rentrer sur le fait d'une
» pareille autorisation et se croire à l'abri des peines
» portées contre l'émigration ;

» Que si dès-lors le retour de la femme Gouyon-
» Beaufort dans sa patrie eût été permis, il aurait
» été effectué, puisqu'il est justifié par les pièces,
» que la C.ne Beaufort fit rentrer ses enfans au-
» dessous de quatorze ans ;

» Qu'on leur reprocherait à tort de n'avoir pas
» justifié cette rentrée, la législation sur les émigrés
» n'ayant pas distingué leur position, mais, au con-
» traire, que la législation sur les émigrés ne fait
» point d'exception en faveur de la circonstance
» particulière dans laquelle se trouvent la femme
» Gouyon et ses enfans ;

» Qu'ainsi le département ne peut rien prononcer
» sur leur réclamation,

» Arrête de renvoyer la pétition et les pièces au mi-
» nistre de la police, qui statuera ou fera statuer ce
» qu'il appartiendra ; de suspendre néanmoins la vente
» des biens jusqu'après la réponse du ministre. »

Pour copie conforme :
Le Ministre de la Justice, ABRIAL.

La forme des radiations ayant successivement
varié, la veuve Gouyon-Beaufort, aussitôt l'arrêté
des Consuls qui établit une commission de radiation,
se pourvut devant elle. Le 8 messidor dernier, citoyens
jurés,

jurés, la commission de radiation a définitivement reconnu, comme le département d'Ille-et-Vilaine, combien il était juste de la rendre à sa patrie et à ses enfans.

Je ne vous présente pas l'avis de la commission, parce que le Gouvernement ayant pris ultérieurement un nouveau mode de radiation, un mode plus rapide, cette pièce n'a pas reçu la signature du premier Consul, et n'est pas devenue pièce off ielle: mais l'avis existe; son existence vous a été attestée par le C.^{en} Lepicard, un des témoins entendus, et, de plus, j'en cite la date précise.

Les choses en étaient à ce point, lorsque, le 28 vendémiaire dernier, le Gouvernement rendit un arrêté dont l'objet était d'éliminer *de plano* tous ceux qui n'avaient point quitté leur patrie dans l'intention de l'abandonner, cette foule de prêtres déportés, cette multitude d'enfans qui n'avaient été ni libres ni capables de calculer la démarche d'une émigration, et généralement la plupart des femmes, à qui la nature a refusé la force et les moyens de combattre la patrie, et que la loi, d'accord avec la nature, n'a jamais voulu atteindre comme des ennemis dont elle eût à nous préserver et à nous venger.

Ce bienfait du Gouvernement, citoyens jurés, cet arrêté des Consuls, une fois proclamé, la nouvelle en parvint bientôt jusqu'à ceux qu'elle intéressait.

Le premier des maux pour la veuve Gouyon-Beaufort, était de vivre hors de son pays : elle en avait été bannie par la force, elle était séparée de ses enfans les plus jeunes, elle était femme, *elle était éliminée de plein droit* par l'arrêté des Consuls. On assurait de toutes parts, et nous ne saurions en disconvenir, on assurait que le Gouvernement tolérait, par anticipation, la rentrée de tous ceux-là seulement qu'il rappelait à sa justice et à ses bienfaits.

G

C'est alors, citoyens jurés, c'est alors que la femme Gouyon-Beaufort, qui depuis si long-temps desirait revoir ses foyers, qui depuis si long-temps desirait presser dans ses bras quatre de ses enfans qu'elle n'a pas vus depuis huit ans, c'est alors qu'elle abandonne sans regret le lieu de son exil ; elle et ses filles arrivent à Paris le 11 frimaire dernier.

D'après cet exposé fidèle, citoyens jurés, basé sur des pièces légales, que je soumets à l'examen du ministère public, qu'y a-t-il de commun entre le retour de la veuve Gouyon-Beaufort d'Angleterre, et l'attentat du 3 nivôse? quel rapprochement inique oserait-on se permettre? Comment croire que la veuve Gouyon-Beaufort ait voulu souiller d'un crime le retour souhaité, qui seul lui rendait la portion de félicité à laquelle elle pût désormais prétendre? quel esprit raisonnable pourrait se le persuader? Toute vraisemblance ne résiste-t-elle pas à l'idée qu'elle ait voulu marquer ce retour ardemment desiré, par la destruction du magistrat suprême qui cicatrisait tous ses maux et ceux de tant d'infortunées comme elle?

Non, citoyens jurés : il faut reconnaître dans la veuve Gouyon-Beaufort la plus malheureuse épouse, la plus tendre mère, la plus touchante victime des excès révolutionnaires, fuyant, contre son gré, le pays qui l'a vue naître, réclamant, à toutes les époques, contre la violence qui l'avait contrainte à traverser la mer, et revolant enfin au sein de sa patrie, aussitôt que le premier Consul a manifesté l'intention, a conquis l'heureuse puissance de rendre à chacun ses droits. Voilà comment et dans quelles circonstances la veuve Gouyon-Beaufort et ses filles reparaissent sur le sol de la République.

Jamais retour fut-il moins suspect, plus puissamment motivé? Et lorsque tant de raisons légitimes l'ont dicté, on chercherait à tirer des inductions

contre elle du lieu d'où elle sort, et où on l'a forcée
de rester exilée trop long-temps! parce que le coup
qui nous a menacés paraît venir de quelques brigands anglais, on ferait un rapprochement cruel
contre cette infortunée! de ce qu'elle arrive de Londres, on en prendrait le droit de la soupçonner
d'intelligence! Non, citoyens jurés: il est impossible
d'admettre de telles règles de suspicion contre une
mère qui ne revient évidemment au milieu de nous
que pour se réunir aux débris de son intéressante
famille. Abandonner son ame à des impressions de
cette nature, ce serait rétrograder vers ces temps
exécrés, où l'on ne voulait que des coupables et
des échafauds. Vous ne vous y arrêterez donc pas un
instant, citoyens jurés. Voyons maintenant quelles
sont les charges portées contre la veuve Gouyon-
Beaufort.

Elle a remis à Adélaïde de Cicé une lettre du
ci-devant archevêque de Bordeaux; elle a, le 7
nivôse, par conséquent ultérieurement au 3 nivôse,
conduit Carbon dans la maison rue Notre-Dame-
des-Champs; elle lui a donné asile pendant la nuit.
D'abord on a senti, citoyens jurés, qu'un fait ultérieur au 3 nivôse ne pourrait jamais faire l'ombre
d'une preuve de complicité dans cet attentat; on a
senti que, dans quelque pays, dans quelque code
que ce fût, il fallait un fait qui eût accompagné
ou précédé un complot, pour y rattacher une idée
de complicité; et, puisqu'il fallait absolument, pour
prétexter cette complicité, une raison antérieure au
3 nivôse, on aura dit, sans doute: Il a été trouvé
chez Adélaïde de Cicé une correspondance à laquelle
nous n'entendons rien; la veuve Gouyon-Beaufort
déclare avoir remis à l'accusée de Cicé une lettre
de cette correspondance; voilà un fait qui peut
être présenté comme un grief, un fait antérieur au

G 2

3º nivôse, un fait qui peut donner matière à soupçonner la veuve Beaufort.

Mais, citoyens jurés, le défenseur d'Adélaïde de
Cicé a donné les explications les plus claires, les plus
satisfaisantes, sur cette correspondance. On croyait
entrevoir les traces d'un mystère reprochable; eh
bien! le voile est aujourd'hui entièrement levé, il n'est
plus permis à ce moment de rien dénaturer à cet égard;
tous les faits expliqués, ces lettres sont uniquement
relatives à des préceptes de religion, à des ministres
du culte, dont les noms vous ont été précisés, ou
à des détails de famille, tellement indifférens, que la
conséquence nécessaire de cette vérité démontrée est
de disculper Adélaïde de Cicé de toute interpréta-
tion fausse et arbitraire.

A bien plus forte raison est-il impossible d'en argumenter contre la veuve Gouyon. En argumenter contre
elle, citoyens jurés! Eh pourquoi donc? Quand les
lettres seraient aussi répréhensibles qu'elles sont innocentes, qu'importerait à la veuve Beaufort qu'elle eût
remis une des lettres faisant partie de la correspondance? qu'en faire résulter contre elle? depuis quand
le porteur d'une missive quelconque fut-il passible de
son contenu, à moins de le suspecter d'en avoir violé
le secret? et la veuve Beaufort n'est pas du nombre
de ceux qui ne se feraient aucun scrupule d'amollir
un cachet.

Mais il est une réponse plus décisive que tout cela:
la lettre du ci-devant archevêque de Bordeaux remise
par l'accusée Gouyon-Beaufort à Adélaïde de Cicé,
ne contient pas l'ombre du mystère; le témoin Guillotin,
que vous avez entendu hier, vous en a développé le
sens. Quelque intérêt qu'on pût avoir dans le débat à
en faire jaillir des soupçons, il a été impossible d'en
exprimer aucun.

Il faut donc, citoyens jurés, retrancher de l'accusation la lettre remise par la veuve Gouyon-Beaufort à Adélaïde de Cicé ; ce fait doit en être écarté pour toujours, et ce fait cependant est le seul antérieur au 3 nivôse, qu'on a pu lui imputer.

Avez-vous vu, citoyens jurés, par le résultat du débat, aucun autre fait antérieur ! avez-vous aperçu la plus légère relation, le moindre rapport entre la veuve Gouyon et aucun de ceux à qui l'on pourrait imputer le forfait du 3 nivôse ! Personne lui a-t-il été opposé, antérieurement au 3 nivôse, dont elle ait dû se défier ! Elle a seulement connu Adélaïde de Cicé et la religieuse Duquesne, deux femmes dont la vie entière, à tous les regards, avait été un cours habituel de piété et de bienfaisance.

Sur soixante-deux témoins entendus, citoyens jurés, en est-il un seul qui ait élevé la voix contre la veuve Gouyon-Beaufort ! pas un n'en a parlé ; elle seule a pu vous en produire : *le C.^{en} Lepicard, avoué au tribunal de cassation ; le C.^{en} Pinot, tuteur de ses petits-enfans*, dont le père a été massacré ; et que vous ont-ils dit, ces témoins ! Ils vous ont dit un fait bien important, un fait qui tranche toute difficulté : ils vous ont dit que peu de temps après l'arrivée de la veuve Gouyon-Beaufort à Paris, le 29 frimaire, quatre jours avant l'exécrable attentat qui nous occupe, il avait été, au nom de la veuve Gouyon et de ses enfans, présenté, par eux-mêmes, au ministre de la police générale, une pétition tendant à lui faire connaître que l'intention de la veuve Gouyon était de retourner à Saint-Malo, tendant à en obtenir sûreté et protection. Que vous ont-ils dit, ces témoins ! que tous les préparatifs pour s'y rendre étaient prêts, qu'eux seuls ont suspendu le moment du départ : entraînés par le sentiment de la vérité, toujours grande et généreuse, ils vous ont déclaré qu'eux seuls étaient la cause involontaire de sa position actuelle, qu'ils s'en accusaient. Ah! je vous le demande, citoyens jurés, est-ce ainsi qu'en aurait agi une femme adhérente à un crime sur le point d'être consommé, adhérente à un crime qu'il fallait plus qu'aucun autre méditer dans l'ombre, et sur-tout loin des regards de la police : loin de redouter aucune surveillance, c'est la veuve Gouyon elle-même qui a appelé les regards du ministère.

Enfin, citoyens jurés, on a fait une perquisition exacte chez la veuve Gouyon-Beaufort, et qu'y a-t-on trouvé? rien, absolument rien de suspect.

Quoi! la complicité dans l'attentat du 3 nivôse pèse sur elle, et il n'existe contre elle ni correspondance ni relations quelconques avec aucun de ceux qui pourraient être soupçonnés du complot; il n'existe contre elle aucune démarche, aucune entrevue avec aucun des conspirateurs; il n'existe aucun témoin à l'appui de l'accusation! Elle est donc pleinement justifiée; car que reste-t-il maintenant à lui imputer? le fait ultérieur d'avoir concouru à donner asile à Carbon, qui, si vous le jugez coupable, se trouverait être un des auteurs de ce complot; et de là, de là l'effroyable prévention, que la veuve Gouyon-Beaufort eût été participante à ce projet détestable!

Vous n'avez pas attendu, citoyens jurés, pour repousser cette inhumaine conséquence, les moyens de la détruire. Il est écrit dans tous les cœurs que lorsqu'il s'agit de déterminer un coupable, que lorsqu'il s'agit de fixer le fer vengeur des lois sur sa tête, on ne criminalise point par induction. Mais enfin n'avez-vous pas entendu la défense de l'accusée de Cicé, celle directe de l'accusée Duquesne sur le fait de leur funeste condescendance, de l'excès d'humanité qui les avait portées à donner asile à Carbon? Leur justification n'opère-t-elle pas complétement celle de la veuve Gouyon-Beaufort? Que servirait-il de vous fatiguer par des redites inutiles ! Loin de vous sur tout, citoyens jurés, cette perfide conjecture, que peut-être ces malheureuses femmes soupçonnaient Carbon coupable de l'attentat ! Rappellez-vous que pendant les quinze premiers jours au moins qui le suivirent, le Gouvernement lui-même crut que les hommes de sang qui avaient souillé la révolution, avaient seuls pu commettre ce grand crime. Carbon, ex-chouan amnistié, écartait, par cela même, tous les soup-çons ; comment des femmes vivant dans une retraite absolue en auraient-elles mieux connu la source ?

J'ajouterai de plus en faveur de la veuve Gouyon-Beaufort, que vous n'avez pas perdu de vue qu'elle n'a été que l'intermédiaire d'un moment dans cet acte de condescendance ; qu'elle a, sans détail, sans examen, accédé à la demande que lui a faite Adélaïde de Cicé, qui lui a présenté Carbon comme un émigré, qui n'avait besoin que de quelques jours de précaution pour rentrer dans tous les droits de citoyen. Vous savez, citoyens jurés, combien il est doux de compatir aux maux qu'on a soufferts. Carbon présenté à la veuve Beaufort comme un émigré ! oh ! dès-lors qui plus qu'elle dut être d'une facile complaisance ! La veuve Gouyon-Beaufort a donc commis un acte d'imprudence : mais ériger en crime une action imprudente ; rattacher à un complot ten-dant au meurtre du premier Consul, au renverse-ment de l'État, à un complot qui fera toujours l'horreur et l'effroi de l'univers, un acte de ce genre, un acte ultérieur au complot lui-même, ce serait là véritablement un crime : vous ne le commettrez point, citoyens jurés. La veuve Gouyon-Beaufort est évidemment innocente : son gendre et son mari périrent naguère sous la hache des tyrans; sous le premier Consul, l'échafaud ne se dressera plus que pour des coupables.

Je ne vous ai point encore parlé des deux filles de la veuve Gouyon-Beaufort ; aurais-je donc oublié que je suis aussi chargé de leur défense ! aurais-je donc oublié *qu'elles sont ici à côté de leur mère !* . . . . (1) Non, personne ne peut les oublier ; elles sont le modèle de la tendresse filiale : depuis leur enfance elles partagent l'infortune de leur mère ; elles sont à ses côtés ; et certes il eût été affreux pour elles de n'être pas captives avec elle.

Mais de quoi les défendre, citoyens jurés ! d'avoir été ses compagnes inséparables ! De quoi les défendre ! d'avoir été les témoins nécessaires et discrets de ses peines ! De quoi les défendre ! d'avoir la certitude que quelque chose que fît leur mère, son cœur ne pouvait être criminel ! De quoi les défendre enfin, citoyens jurés ! serait-ce, dans la supposition d'une faute quelconque, de n'avoir pas divulgué, dénoncé. . . . qui ! . . ah ! rejetons cette monstrueuse idée.

Je ne pourrais donc, citoyens jurés, vous parler des filles de la veuve Gouyon-Beaufort, que pour répéter avec le citoyen commissaire du Gouvernement : *Oui, elles sont ici à côté de leur mère.* Je ne pourrais vous en parler que pour les plaindre et les louer : je préfère de hâter une plus douce jouissance qui vous est réservée, celle de les absoudre avec leur mère, avec Adélaïde de Cicé.

---

(1) A ces seuls mots se sont réduites les charges portées par le commissaire du Gouvernement contre Marie-Françoise et Reine-Marie-Aubine, filles Gouyon-Beaufort.

www.ingramcontent.com/pod-product-compliance
Lightning Source LLC
Chambersburg PA
CBHW050601210326
41521CB00008B/1067